다시, 김민석

원칙을 더 중시하고
국민의 뜻을 더 살피겠습니다

김민석

2023. 11. 29.

다시,
김
민
석

CONTENTS

3장   정치인 김민석   115

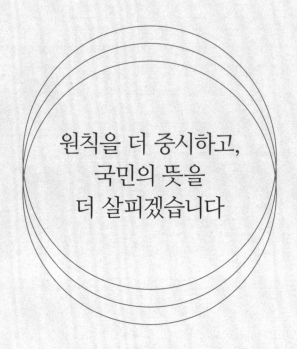

원칙을 더 중시하고,
국민의 뜻을
더 살피겠습니다

첫 국회의원 출마(1992)부터 만 31년, 첫 국회의원 당선(1996)부터는 만 27년이 지났습니다. 서울대 총학생회장(1985)부터 하면 공적생활이 어느새 38년째입니다. 제 국회입문 동기(15대) 중 현역으로 활동하는 분이 그다지 많지 않습니다. 이리 오래 공적활동이 이어지고 있으니 감사할 따름입니다.

제게는 유난히 부침과 공백이 많았습니다.

15대(32세), 16대(36세) 연이은 최연소 국회의원과 최연소 집권당 서울시장 후보(2002, 38세)였고, 김대중 전 대통령님의 배려로 창당·영입·공천 등 중요한 정치행위를 주도하는 특별한 경험을 30대의 젊은 시기에 누렸습니다.

2002년 이후 18년의 정치 공백기는 깊고 험한 낭떠러지의 연속이었습니다. 정치적으로, 경제적으로, 가정적으로, 인간적으로 소설에나 나올 법한 일들을 겪고 또 겪었습니다. 그때 썼던 글들을 엮어 2010년에 『퇴수일기』라는 책으로 낸 적이 있습니다. 퇴수(退修)란 조용히 물러나 자신을 닦고 내공을 기른다는 뜻인데, 2005년 8월 김대중 전 대통령을 뵈었을 때 "정치를 오래 할 사람이니, 지금 퇴수하기를 참 잘했다."고 격려해주신 데서 착상을 얻어 제 삶의 지표로 삼았던 화두입니다. 『퇴수일기』를 내고도 10년이나 더 야인생활을 하게 될 줄은 정말 몰랐습니다.

2020년 총선에서 기적적으로 복귀해 두 번째 정치를 시작한 저는 첫 번째 정치를 하던 시절과 좀 변해 있는 것 같습니다. 이전보다 원칙을 더 중시하고, 국민의 뜻을 더 살피게 된 것 같다는 것이 제 나름의 느낌입니다. 나이가 든 만큼 복잡다단한 세상을 꿰뚫어 나라의 미래를 멀리 보는 지혜가 생겼으면 싶지만, 아쉽게도 그런 지혜는 여전히 희망사항일 뿐입니다.

정치를 시작할 때부터 제가 해야 할 말과 글을 직접 써왔습니다. 국회의원 첫 출마연설문도, 이른바 정풍운동에 대한 비판을 담은 의원워크숍 발제문(2001)도, '후보단일화를 이루고 정권재창출에 성공하고 다시 당에 돌아오겠다'는 성명서(2002)도 그랬습니다.

이 책 『다시, 김민석』에 실린 글들은 2020년에 정치에 돌아와 두 번째 정치를 시작한 후의 말과 글을 모은 것입니다. 정치적인 것, 당내문제를 다룬 것, 정책에 대한 것들을 두루 모았습니다.

두 번째 정치를 시작한 후의 말과 글들을 모아 저 스스로에 대한 채찍으로 삼겠습니다. 제 생각을 솔직히 드러내고, 부족함을 확인하고, 다시 앞으로 나아가는 디딤돌로 삼겠습니다.

김민석은 제법 오래된 그릇이지만, 여전히 비교적 젊은 그릇이고 미완의 그릇입니다. 더 나아가기 위해 매일 가다듬고 다시 뛰겠습니다.

2023년 11월 김민석

다시, 김민석

1장

국회 보건복지위원장 김민석

1996년 15대 국회 초선의원 시절. 당시만 해도 비인기 상임위이던 보건복지위를 지원했었습니다. "정치를 오래 할 사람이니 나처럼 재경위에서 시작해야 한다."는 김대중 전 대통령의 말씀에 따라 치열한 인기 상임위이자 초선의원으로서 가기 어려웠던 재경위에 배정되었습니다. 근 20년을 돌아온 국회에서 보건복지위는 국민의 관심도, 예산 비중도 엄청나게 커진 슈퍼 상임위로 바뀌어 있었습니다. 코로나19로 국민건강과 국가의 명운이 보건과 복지에 달려 있던 시기. 초선 시절 지망했던 보건복지위원회의 위원장이 되어 코로나19의 시작부터 끝까지를 숨가쁘게 달렸습니다.

보건복지위원장으로
일하게 되었습니다

김민석 의원입니다. 보건복지위원장으로 일하게 되었습니다.

영광입니다. 감사드립니다.

21대 국회 보건복지위원회의 임무는 막중합니다.

K-방역의 성공, 공공의료와 국민보건체제의 정립, 한국형 기본소득 문제를 포함한 21세기형 복지시스템의 설계, 바이오 헬스산업의 진흥 등 소관업무가 차질 없이 진행되도록 여·야 의원님들과 국민의 뜻을 잘 받들겠습니다.

1996년, 15대에 처음 국회에 들어와서 18년의 공백이 있었습니다. 그 시간을 거치며 '약자의 눈으로 미래를 보는 것이 정치다'라는 생각을 하게 되었습니다.

다시, 김민석

IMF 위기 시절, 정부의 비대위 대변인을 한 적이 있습니다. 오늘 우리가 마주한 위기가 다시 한번 대한민국에게 숨겨진 축복의 시간이 되도록 노력하겠습니다. 많이 가르쳐 주십시오. 감사합니다.

보건복지위원장 선출 당선인사 (20. 09. 25)

보건복지위원장으로 회의를 주재하는 모습

코로나19 시대의 새로운 길:
본질로 돌아가자 – 한국의 제안

안녕하십니까? 대한민국 국회 보건복지위원회 위원장 김민석 의원입니다. 전 세계의 대표적 싱크탱크(think tank) 연합체인 세계무역혁신정책연합 (GTIPA) 온라인 서밋에서 기조 발제를 맡게 되어 영광입니다. 결론부터 말씀드리면, 코로나19 위기의 해법은 삶과 공동체의 본질로 돌아가는 것입니다. 저는 오늘 한국의 서울에서 바라본 코로나19 이후의 전망과 몇 가지 제안을 말씀드리고자 합니다.

1. 코로나19 위기의 원인, 본질, 의미

코로나19로 100만 명 넘는 사람이 사망했습니다. 중국의 우한에서 불법 매매된 천산갑이나 박쥐의 바이러스가 인간에게 옮겨져 세계로 퍼졌습니다. 이것이 현재 가장 유력한 설명입니다. 과연 무엇이 문제입니까? 천산갑입니까? 아니면 인간입니까? 제레미 리프킨은 "코로나19의 근본원인은 기후변화와 산림파괴이며 제2, 제3의 코로나 사태가 이어질 것"이라 경고했습니다. 저는 문제는 바이러스가 아니라 사람이라고 생각합니다. 소크라테스가 살아있다면 지금 우리에게 너 자신을 알라고 얘기했을 것입니다.

코로나19는 세계를 동시에 강타한 위기입니다. 20세기의 다른 모든 전염병은 일부 지역에서만 발생했습니다. 역사상 세계를 동시에 강타한 위기의 전형은 신이 노아의 가족을 뺀 모든 생물을 멸종시킨 창세기의 대홍수였습니다. 팬데믹이 세계 실물경제에 동시적 위기를 초래한 것도 처음입니다. 국제통화기금(IMF)은 올해 세계경제성장률을 -4.4%로 예상했습니다. 대공황 이후 최대 규모의 글로벌 경제위기입니다. 헨리 키신저도 유발 하라리도 코로나19를 인류문명 대전환의 계기로 진단했습니다.

코로나19가 가져온 경제위기는 생산의 위기도 유통의 위기도 금융의 위기도 아닙니다. 이번 팬데믹은 사회적 거리두기(Social Distancing)와 국가 간 거리두기(Interstate Distancing)로 대면 서비스산업을 급격히 위축시켰습니다. 대표적인 대면 서비스 산업인 식당, 영화, 공연예술, 관광, 항공이 타격을 받았습니다. 저는 그제 100석의 영화관에서 30명의 직원들과 거리두기 단체관람을 했습니다. 방역수칙을 지키면서 영화 보기를 통해 공연예술을 살리자는 취지였습니다.

자크 아탈리(Jacques Attali)는 코로나19 이후 시간, 삶, 죽음 같은 문화 콘텐츠가 유행하고 홀로그램 예술이 등장할 것이라 예측했습니다. 이제 사람들은 스스로 집에서 연주하고, 노래 부르고, 그림을 그리며 '틱톡'(Tiktok) 등을 통해 공유할 것입니다. 온라인 배달이 급증했고, 콜센터 근무자, 택배 노동자 같은 필수노동자(essential worker)들의 근무시간은 늘어났습니다. 필수적인 노동의 존중은 세계적인 과제가 되었습니다.

기본소득 논의는 한층 활발해졌습니다. 대부분의 나라들은 헬리콥터 머니라 불리는 통화완화정책을 펼쳤습니다. 한국에서는 긴급재난지원금이 두 번 지급되었고 재정건전성과 기본소득에 관한 논쟁이 일어났습니다. 제가 속한 민주당은 신복지체제 연구팀을 발족시켰습니다. 20세기의 임금노동 중심 복지체제와 다른 21세기형 복지체제도 모든 나라의 과제가 되었습니다. 양극화는 심해지고 일자리는 줄어들기 때문입니다. 세계은행은 1998년 이후 처음으로 빈곤율이 대폭 증가한 것으로 추정했습니다.

생활경제(the economy of life)가 더 중요해질 것입니다. 보건, 위생, 식품, 농업, 교육, 연구, 디지털, 보안, 청정에너지, 예술, 쓰레기 관리. 그중에서도 보건과 교육이 가장 중요해질 것입니다. 로봇 산업과 원격 교육이 성장하는 한편 인격교육의 요구는 높아질 것입니다. 인구증가, 도시화, 글로벌화로 국가 간의 연결성이 강화되어 코로나19와 같은 팬데믹이 더 자주 일어나는 '위드 팬데믹(With Pandemic)'의 시대가 올 수도 있습니다.

며칠 전 한국 여당 국회의원들의 세미나에서 세 권의 책이 소개되었습니다. 새뮤얼 보올스(Samuel Bowles)의 『도덕경제학(The Moral Economy)』은

이기적인 경제인(Homo Economicus)으로서의 인간 규정에 의문을 제기합니다. 하버드 출신의 한국 생태학자 최재천 교수는 경제학이 『국부론』이 아니라 아담 스미스의 첫 작품 『도덕감정론(The Theory of Moral Sentiments)』에서 출발했다면 자본주의는 지금보다 훨씬 따뜻할 것이라고 했습니다. 두 번째 책에서 프란치스코 교황은 환경위기에 대한 인류의 생태적 회개를 호소합니다. 세 번째 책인 『호모 심비우스(Homo Symbious)』에서 저자 최재천 교수는 경쟁이 아니라 협력과 공생의 전략을 선택한 개미와 같은 곤충들이 지구에서 가장 오래 성공적으로 살아남았다고 합니다. 심비우스(symbious)는 함께with라는 뜻의 고대그리스어 syn과 삶living이라는 뜻의 biosis에서 온 것입니다.

최 교수는 "코로나19가 전 세계의 어떤 환경학자들보다도 성공적으로 인류에게 생태보호의 필요성을 가르쳤다."는 제인 구달(Jane Goodall)과의 최근 대화를 소개했습니다. 실제로 코로나19로 공장 가동이 줄자 미세먼지가 줄고 하늘이 푸르러졌습니다. 코로나19는 모든 분야에서 인류의 행동과 문명의 전환을 요구합니다.

2. 한국의 성공 비결: 마스크, 손 씻기, 거리두기, 협력, 시민민주주의

인구 대비 환자 비율과 재확진율로 보면 한국은 코로나19와의 전쟁에서 선방하고 있습니다. 제가 기조 발제를 맡은 것도 한국의 방역 성과 덕분이라고 생각합니다. OECD가 예측한 올해 한국의 경제성장률은 −1%입니다. 마이너스이지만 세계 1위입니다. 한국이 방역과 경제에서 선방하고 있는 이유는 무엇일까요?

 한국 정부는 코로나19 발병 초기부터 '개방성', '투명성', '민주성'이라는 세 가지 원칙에 따라 폭넓은 진단검사(Test)를 통한 확진자 발견, 철저한 접촉자 추적(Trace)을 통한 확산 방지, 감염 초기 단계에서의 치료(Treatment)라는 3T 전략을 구사했습니다. 2015년 메르스 방역 실패의 경험으로 한국 정부는 전염성 질환에 대비하는 공공부문 역량을 강화하였습니다. 타인과의 접촉을 최소화하면서 신속한 검사를 실시하는 드라이브 스루(drive through)와 같은 혁신적이고 실용적인 대응방식이 과감히 채택되었습니다. 인공지능(AI)과 정보통신기술(ICT) 등으로 확진자 격리업무에 필요한 인력을 대체할 수 있었습니다. 발전된 보건의료체계 덕분에 경증환자는 생활치료센터에 수용하고, 중증환자에게는 충분한 음압병상을 제공했습니다. 민간기관은 자발적으로 직원훈련시설을 경증환자를 위한 치료 센터로 내놓았습니다. 코로나와 관련된 모든 비용은 국민건강보험공단이 80%, 중앙정부와 지방정부가 20%를 부담해서, 국민 개인에게 진단과 입원, 치료의 부담을 주지 않았습니다. 전 국민을 포괄하는 건강보험은 방역의 가장 기본적인 토대였습니다. 방역과 경제의 균형도 지속적으로 추구되었습니다. 사회적 거리두기를 실시했지만 경제를 경색시키는 '전면적 폐쇄(lock-down)'는 실시하지 않았습니다. 프라이버시 침해 논쟁이 있었지만 신용카드와 교통카드, 이동통신 기지국, 휴대용 전화기 내 이동추적 등의 다양한 정보를 통해 확진자의 동선을 신속 정확히 파악하여 투명하게 공개했습니다. 그 덕분에 많은 나라에서 실시된 사실상(de-facto) 전면적인 여행 금지, 사실상 모든 상점의 영업 중단을 막아 국민의 기본권을 지킬 수 있었고 3천만 명이 참여한 선거를 문제 없이 치를 수 있었습니다.

그러나 가장 중요한 성공요인은 시민들의 자발적 협조입니다. 종교기관을 포함하여 다중이 이용하는 시설은 전염 고위험 업종으로 지정되어 운영이 중단되었지만, 정부의 방역 지침을 준수하였습니다. 정부는 코로나19 발생 초기부터 마스크 사용을 권고했고, 시민들은 자발적으로 협조했습니다. 버스, 지하철의 모든 탑승객은 마스크를 사용했고, 다행히 대중교통 이용으로 인한 코로나19 감염 사례는 아직까지 보고되지 않았습니다. 매년한 번 온 국민의 절반 이상이 고향을 방문하기 위해 대이동하는 추석 휴일의 이동은 자제되었고, 사람들은 지금 세미나를 하고 있는 우리들처럼 화상대화를 통해 고향의 부모와 대화했습니다.

100년 전, 제국주의 지배하에서 임시정부로 출범한 이후 한국의 지도자들은 문화선진국, 행동하는 양심, 깨어 있는 시민의 나라, 사람이 먼저인 포용국가 등을 추구해왔고, 시민들은 평화적 독립시위, 정치군인의 집단학살에 대한 평화적 항거, 평화적 촛불시위를 통한 정부교체로 오늘의 대한민국을 만들었습니다. 한국시민의 민주주의가 세계에서 가장 가난했던 나라를 OECD 국가로 만들고 K-방역이라 불리는 방역성공을 가져온 원천입니다. 이 점에 대해 저는 개인적으로 특별한 자부심을 가지고 있습니다. 저는 40년 전 군부세력에 평화시위로 맞선 광주에 자극받아 민주학생운동에 뛰어들어 3년간 옥고를 치렀고, 평생 민주화운동을 했던 노벨평화상 수상자 김대중 당시 대통령의 당 비서실장을 했으며, 한국의 시민들과 함께 촛불을 들었기 때문입니다. 우리에게도 차별과 혐오, 무책임으로 인한 위험의 순간들이 있었지만 저는 대한민국의 시민을 존경하고 민주주의의 장래를 확신합니다.

돌이켜보면 한국에서 방역의 성공은 마스크 사용, 자발적 거리두기, 손 잘 씻기 등 기본적인 룰을 지킨 덕분이었습니다. 내가 마스크를 착용하면 나와 타인을 보호하며, 타인이 마스크를 착용하면 그 사람과 내가 보호받습니다. 자크 아탈리는 이를 '합리적 이기주의'라고 불렀습니다. 어떤 이들은 한국인들이 마스크를 쓴 이유가 집단을 중시하고, 감시받는 데 익숙해서 그렇다고 했지만, 최근 조사 결과 민주적 시민 성향이 높을수록 방역에 더 적극 참여한 것으로 나타났습니다. 한국인들은 내가 감염될까 두렵다는 생각보다 내가 다른 사람을 위험에 빠뜨리진 않을까 걱정하는 마음이 더 컸다고 답했습니다. 한국·중국·대만·베트남 등의 문화적 배경 중 하나인 공자 사상 즉 유교가 유럽계몽주의의 기초가 되고 미국 헌법의 기초가 되었다는 주장을 편 한국의 황태연 교수는 한국인들이 마스크를 쓰는 이유가 자기보호나 정부의 지시, 또는 마스크의 방역효과 때문이 아니라 남에게 피해를 끼치지 않으려는 심리 때문이라는 분석을 내놓았습니다. 제레미 리프킨도 비슷한 주장을 했습니다. 마스크 사용을 주저했던 상당수의 나라에서 결국 마스크를 너무 늦게 쓰거나, 고액벌금법으로 관철시킬 수밖에 없었던 것도 흥미롭습니다. 무엇이든지 남에게 대접을 받고자 하는 대로 너희도 남을 대접하라는 것은 성경의 황금률이기도 합니다.

3. 세 가지 제안: 국제 방역협력, 보편적 건강보장과 백신 공정분배, 서울캠퍼스

코로나19는 우리에게 새로운 문명으로 가기 위한 대전환을 요구합니다. 저는 여러분께 대전환을 위한 세 가지 제안을 드립니다.

첫째, 신속하고 효율적인 팬데믹 대응을 위한 WHO PLUS 체제를 만듭시다. 영원한 봉쇄는 불가능합니다. 최고의 부자들이 최고급 요트로 피난 가도 감염병을 영구히 봉쇄할 순 없습니다. 감염은 국가지도자들도 피할 수 없었습니다. 봉쇄와 양극화, 혐오와 차별은 해법이 아닙니다. 포용하고 개방하면서 함께 살 길을 찾아야 합니다.

세계보건기구의 강화를 포함한 국제방역체제의 새 청사진이 필요합니다. 세계보건기구 플러스(WHO PLUS)가 필요합니다. WHO는 미국이 탈퇴하면서 재정적으로 약해졌고, 코로나19 초기 논쟁으로 정치적으로 약해졌습니다. WHO를 재정적으로 안정시키고 중립적으로 강화하고, 강대국 중심이 아니라 아시아와 아프리카 등 보건의료 취약국들을 존중하는 방향으로 개혁해야 합니다. 세계은행, 글로벌 펀드 등 국제적 공적 기금과의 연계도 논의해야 합니다.

저는 국제보건유지군(Global Health Keeping Force)의 출범을 제안합니다. 분쟁지역의 평화를 지원하는 평화유지군처럼 보건유지군은 건강취약국가에서 감염병 대응과 보건을 지원하는 국제적 실행조직이 되어야 합니다.

국제청년의료봉사단(Global Medical Corps)도 제안합니다. 미국의 평화봉사단이 평화를 위해 헌신했듯 전 세계의 청년이 인류의 건강을 위한 헌신의 시간을 가져야 합니다. 한국부터 의료봉사단에 앞장설 수 있도록 한국 국회의 논의를 시작하겠습니다.

세계 보건·복지 국회의원 회의를 제안합니다. 각국의 국회의원이 국제 보건안보와 신복지체제를 의논할 화상회의를 개최합시다. 세계 또는 아시아 각국 의회의 보건·복지 분야 상임위원회 위원장부터 시작하면 어떻겠습니까?

둘째, 보편적 건강보장과 공정한 백신분배를 이룩합시다. 모든 나라가 보편적 건강보장(Universal Health Coverage)을 달성할 수 있도록 국제사회가 힘을 합쳐야 합니다. 가난한 사람과 가난한 나라가 더 병에 취약합니다. 한국 국민들은 국민건강보험(National Health Insurance)을 통해 코로나19의 진단과 치료를 받는 접근성에 제약이 없습니다. 코로나19 진단검사 비용도 무료입니다. 코로나19 대유행은 필수 보건의료 서비스를 제공하는 데 공공부문의 역할 확대가 필요하다는 인식을 높였습니다. 저개발국가 국민을 위해 신속한 백신의 개발과 함께 효율적이고 공정한 분배도 추진돼야 합니다. 국제기구, 각국 정부는 ACT-A(Access to COVID19 Tools Accelerator, 코로나19 대응에 대한 접근성 가속화 체제)에 더 적극적으로 참여해야 합니다. 인류 건강의 위협에 대응하는 진단, 치료, 백신 등은 국제 공공재(Global public goods)입니다. 한국 정부도 기업도 건강의 국제적 정의와 형평에 기여하도록 노력하겠습니다. 북한과의 보건협력을 위한 노력도 계속할 것입니다. 여러분도 도와주십시오.

다시, 김민석

셋째, 문명사적 전환을 준비하는 집단지성의 장, 서울캠퍼스에서 만납시다. 마지막으로 저는 문명사적 전환을 준비하는 집단지성 토론의 장을 서울에서 마련하고자 합니다. 제 지역구는 한국의 맨해튼이라고 할 수 있는 서울 여의도를 포함합니다. 여의도의 국회는 이전을 논의 중이고 그 자리에는 최첨단 디지털 스타트업 콤플렉스를 유치하자는 주장도 있습니다. 저는 제 지역구의 구청장(District mayor)과 협의하여 세계의 젊은 지성을 위한 공간 마련에 합의하였습니다. 세계적 수준의 문화, 환경, 주거 조건을 갖춘 여의도의 최첨단 대형 빌딩 한 층을 우선 3년간 무상임대 공용오피스로 제공하고, 저렴하고 쾌적한 주거를 주선하겠습니다. 실리콘 밸리와는 다른 지식·지혜 밸리를 만들겠습니다. 경제, 환경, AI, 의료, 복지, 디지털, 문화, 스타트업, 평생학습, 평화, 싱크탱크 등 다양한 주제로 민간, 기업, 공공, NGO, 학술기관에서 일하는 개인과 기관 30곳을 선정하여 한국 오피스로 제공하겠습니다. 한국에서 공부하고 토론하고 문화를 즐기고 여행하십시오. 당연히 경쟁이 치열하겠지요? 선발은 한국과 세계에서 인정받는 전문가들의 공정한 심사를 통해 결정할 것입니다. 제 희망은 그레타 툰베리, 유발 하라리, 짐 로저스, 제인 구달처럼 인류의 문명을 걱정하는 분들이 심사위원으로 참여해주는 것입니다.

유일한 조건은 그들의 고민과 지식을 공유하고 토론을 공개하는 것입니다. 각자 할 일을 하되 정기적으로, 가령 한 달에 한 번쯤 문명의 미래에 대해 공개 토론하여 세계와 공유하는 지식의 허브를 함께 만들어 인류에게 무상으로 제공합시다. 신문명 그룹 테드라고 해도 좋고 신문명 그룹 넷플릭스라고 해도 좋습니다. 1968년에 로마클럽이 출범했다면 2021년에는 서울에서 함께 공부하고 토론하는 서울캠퍼스(Seoul campus), 소울 캠퍼스(Soul campus)를 함께 출범시킵시다. 여의도의 국회의원으로서, 대한민국 국회 보건복지위원장으로서, 5년 전 아시아태평양 국제보건 국회의원 포럼(Asia Pacific Parliamentarian Forum on Global Health)의 설립을 제안하고 실현시킨 한국 측 대표로서 최선을 다해 돕겠습니다.

4. 결론: 'With Spirit' is the key to the New Normal

코로나19는 인류에게 성찰의 시간을 주었습니다. 신이 준 성찰의 시간에 우리는 자신을 돌아보고 하늘을 올려다보았습니다. 자가격리를 겪은 사람들 가운데는 미국 대통령도 있었고, 한국의 집권당 대표도 있었습니다. 격리와 성찰의 시간 동안 우리 각자가 어떤 생각을 했느냐, 그 후 어떤 집단적 대응을 할 것인가가 우리의 미래를 결정합니다. 아놀드 토인비의 얘기처럼 역사의 진보는 도전에 대한 응전의 산물이기 때문입니다. 코로나 시대가 언제 종식될지는 아무도 모릅니다. 또 다른 얼굴의 코로나19가 언제 얼마나 자주 올지도 모릅니다. 그래서 우리는 '위드 코로나(With Corona)'의 자세로 '포스트 코로나(Post Corona)' 시대를 만들어갈 수밖에 없습니다.

위드 코로나는 결국 사람(With People), 자연(With Nature), 세계(With World)와 함께하는 것입니다. 코로나19를 통해 한국이 깨달은 것은 '위드 스피릿(With Spirit)'이야말로 최고의 백신이라는 것입니다. 이 백신은 수평적 협력과 다자주의, 인간애와 겸손의 산물입니다. 새뮤얼 헌팅턴(Samuel Huntington)은 문명의 충돌을 이야기했지만 지금 우리 앞의 충돌은 기독교와 이슬람의 충돌이 아닌 낡은 문명과 새 문명의 충돌입니다. 우리는 새로운 가치, 새로운 문명으로 가야 합니다. 영어의 문명(Civilization)의 어원은 시민(Citizen)과 연관되어 있습니다. 세계시민이 함께 열어야 할 신문명은 대홍수 이후 격리와 성찰의 시간을 이겨내고 동물들과 함께 방주의 문을 열었던 노아가 꿈꿨던 새로운 세상, 신약(New testament)의 시대 이후 기도문을 통해 예수와 수많은 인류가 이 땅에 실현되기를 원했던 하늘나라, 천하를 주유했던 공자가 꿈꾸었던 도덕적 공동체입니다.

한국의 꿈은 새로운 문명입니다. 한 한국 청년은 3년간의 세계여행 끝에 쓰레기가 가장 문제라는 결론을 내린 책을 최근 출간하였습니다. 우리가 원하는 신문명은 과도한 플라스틱 쓰레기와 자연침해에서 벗어난 그린문명입니다. 우리의 꿈은 아카데미 수상자 봉준호 감독의 영화 〈기생충〉이 묘사한 양극화가 사라진 세상입니다. 우리의 꿈은 빌보드 1위를 차지한 BTS가 노래한 〈다이너마이트〉처럼 코로나 블루로 뒤덮인 세상을 새로운 희망의 빛으로 바꾸는 것입니다. 한국 정부는 포스트 코로나를 향한 국가적 사업으로 디지털 뉴딜, 그린 뉴딜, 사회안전망 뉴딜을 시작하였습니다.

한국인에게 가장 사랑받는 시인 윤동주는 2차 대전이 종료된 1945년, 28세의 나이로 6개월 남은 해방을 보지 못하고 제국주의 감옥에서 고문으로 숨졌습니다. 그의 장례식에서 낭독된 시 〈새로운 길〉의 한 구절을 소개하며 마치겠습니다.

"어제도 가고 오늘도 갈 / 나의 길 새로운 길 …… 나의 길은 언제나 새로운 길"

인류의 길은 고통스러웠지만 이번에도 우리는 새로운 길을 찾아낼 것입니다. 평화, 건강, 청정, 안전, 공영의 길로 갈 것입니다. 위대한 새로운 길(Great New Way)을 함께 갑시다. 그 길은 사랑과 협력이라는 인간의 본질로 돌아가는 길일 것입니다. 한국의 관점을 들어주셔서 감사드립니다.

세계무역혁신정책연합(GTIPA) 기조연설(20. 11. 07)

다시, 김민석

A New Normal in the COVID-19 Era: 'Back to Essentials' - A Korean Perspective

Delivered by Hon. Kim Min-seok,
Chairperson of the Health and Welfare Committee
National Assembly of the Republic of Korea

영어 연설 동영상

Good afternoon. This is Kim Min-seok, Chairperson of the Health and Welfare Committee at the National Assembly of the Republic of Korea. It is a great honor for me to deliver a keynote address at this online summit of the GTIPA, a global network of major think tanks. Getting straight to the point, the solution to combating the coronavirus epidemic is to return to essentials.

1. COVID-19: Cause, Essence, and Implications

More than a million people have died as a result of the coronavirus. Jeremy Rifkin warned that the fundamental causes of COVID-19 are climate change and deforestation, and they could lead to second and third outbreaks of another pandemic. I believe the problem is not the virus itself, but people. If Socrates were alive today, he would say, "Know thyself."

COVID-19 is a crisis that hit all corners of the world at the same time. All outbreaks of contagious diseases in the 20th century occured locally and regionally. A historical example of a crisis that hit the entire world at the same time is the Great Flood in the Genesis when God drove all creatures into extinction except for Noah and his family. This is the first time a pandemic has triggered a simultaneous crisis on global real economy. This global economic crisis is of the greatest scale since the Great Depression.

The economic crisis resulting from COVID-19 is not one of manufacturing, distribution, or finance. The pandemic has led to a rapid contraction of the face-to-face services industry including restaurants, movie theaters, performance arts, tourism, and airlines through social and interstate distancing.

Jacques Attali anticipated that after the coronavirus, cultural contents on time, life, and death will become popular, along with the emergence of hologram arts. People will perform, sing, and paint at home, sharing them on Tiktok and other forms of social media. Online home deliveries have surged, and the working hours of essential workers, such as call center and delivery workers, have increased exponentially.

Debates on basic income have become more intensified. Constructing a welfare system for the 21st century different from that of the 20th century, which was based on wages and labor, has become a challenge for all countries. The reason lies in deepening polarization and a declining number of jobs.

The economy of life will become increasingly important. Among fields like health, sanitation, food, agriculture, arts, and wastes management, health and education will become the most important. The robot industry and online distance learning will grow, giving rise to greater demands for education to build character and personality. Increasing population, urbanization, and globalization have reinforced the interconnectivity among countries and pandemics similar to COVID-19 may become more regular and frequent, compelling us to live side-by-side "with" pandemics.

2. Keys to South Korea's Success: Medical masks, hand washing, social distancing, cooperation, and citizen democracy

Based on the confirmed cases per 1 million people, Korea is putting up a good fight against the virus. OECD predicted South Korea's economic growth rate for 2020 to be -1%. It is below '0', but it is the highest among OECD countries. What is the reason behind Korea's success in terms of quarantine and economy?

From the beginning of the COVID-19 outbreak, the Korean government abided by three principles of 'openness', 'transparency', and 'democracy' and adopted the 3T (Test-Trace-Treat) Strategy. It aimed to identify confirmed cases through widespread active testing, stem the spread of the virus by meticulous contact tracing, and treat the disease in the early infection stage. Bold decisions were made to adopt innovative and practical measures like the "Drive Through", which enabled minimal contact and swift testing. We implemented social distancing but did not impose a lock-down that would tighten the economy. We were able to avoid de-facto travel bans that were implemented in many countries. We did not close down stores, which enabled us to protect the basic rights of citizens. We held elections, in which 30 million people voted, without any incidents.

But the true driver of success was the voluntary cooperation of citizens. Religious institutions and facilities accessed by many people were designated as high risk facilities and had to be closed down. The Korean government required the use of medical masks since the early phase of the outbreak, and citizens cooperated voluntarily. All passengers using buses and subways wore masks and fortunately, there has not been any reports of COVID-19 infections from using public transportation.

The people created today's Republic of Korea through fierce independence movements, resistance against massacres by political soldiers, and a transition of power through candlelight demonstrations. The democracy of citizens was what enabled the country to rise from one of the most impoverished nations to become a member of the OECD, and enabled the success in our quarantine measures. I have a deep respect for the Korean people and an unwavering belief in the future of democracy.

Looking back, Korea's quarantine measures were a success because we went back to basics, such as wearing medical masks, voluntary social distancing, and hand washing. Some say that Koreans wear masks because they value organization and are used to being monitored, but a recent survey showed that Koreans wore masks because they concerned about others at risk than for their own safety. It is worthwhile to remember the Golden Rule enshrined in the Bible, "Do unto others as you would have them do unto you".

3. Three Proposals: Reinventing Global Health Security, achieving Universal Health Coverage and improving the access to Vaccines, and building Seoul Campus

COVID-19 pandemic demands that we make a great

transition to advance as a new civilization. To this end, I would like to put forward three proposals.

1) Reinventing global heatlh security by the creation of a "WHO Plus" system for swift and efficient pandemic response

It is impossible to impose a lockdown indefinitely. Even if the world's richest people take refuge on luxury yachts, they will not be able to seal off a contagious disease forever. National leaders were not immune to the virus. Blockade and polarization, hatred and discrimination are not the solution. We must become inclusive and transparent, and seek a path in which we can all survive.

We need a new blue print for an international quarantine system, including reinforcing the World Health Organization (WHO). We need a "WHO PLUS". The WHO has grown financially weaker with the withdrawal of the United States and politically weaker in the controversy over COVID-19 in the early phase of the pandemic. We need to financially stabilize the organization while reinforcing its neutrality. It should be an organization that is not led by powerful countries but in which the voices of countries vulnerable in health and medicine, such as in Asia and Africa, are heard. Discussions must also take place in regard to connecting the organization with international public funds, like the World Bank and Global Fund.

Secondly, I propose the launching of the "Global Health Keeping Forces". In contrast to Peacekeeping Forces that support peace in conflict areas, Health keeping Forces must be an action-based international organization that provides support in responding to the outbreak of contagious diseases and health situations in vulnerable countries.

2) Achieving Universal Health Coverage leaving no one behind by Fair Distribution of Vaccines

The international community must garner efforts to achieve Universal Health Coverage in every country. Impoverished people and developing countries are more vulnerable to diseases. The widespread epidemic further emphasized the need to increase the role of the public sector in providing essential healthcare services. Together with a swift development of the vaccine, a fair and efficient distribution must also be carried out for developing countries. Diagnosis, treatment, and vaccines that enable us to respond to threats against human health are global public goods. The Korean government and private sector will work to contribute to international justice and equity in health. We will also continue our efforts to improve cooperation in health with North Korea. We invite your engagement in this cause.

3) Seoul Campus: the agora of Collective Intelligence to Prepare for a post-COVID-19 Transition in the History of Civilization

Lastly, I want to host a platform of discussion in Seoul for collective intelligence as we prepare to make a transition in the history of civilization. My constituency includes Yeouido, also known as Korea's Manhattan. I have discussed with the district mayor regarding installation of a place for the world's young intellectuals. We will begin by providing a public office space for free for three years in a cutting-edge building in Yeouido, an area with world-leading culture, environment, and residential areas, along with cost effective and comfortable accommodations. My idea is not to create a Silicon Valley, but a "Knowledge and Wisdom Valley". The doors of the office will be open to 30 individuals and institutions working in private, business, public, NGO, and academic institutions in various sectors, including economy, environment, AI, medical care, welfare, digital, culture, start-ups, lifelong learning, peace, and think tanks. We invite them to study, engage in discussions, enjoy our culture and travel in Korea. We anticipate intense competition. Candidates will be selected through a fair deliberation process by experts acknowledged by Korea and the world.

The only condition is that they share their ideas and knowledge and disclose their debates to the public. Each participant will be free to do their work but they will be required to hold, perhaps once a month, regular open discussions on the future of civilization and create a knowledge hub that is to be shared with the world at no cost. Similar to the Club of Rome that was launched in 1968, let us launch the Seoul Campus or "Soul Campus" in Seoul in 2021 to study and debate together. I offer my services as the Korean representative that proposed the establishment of the Asia Pacific Parliamentarian Forum on Global Health (APPFGH) five years ago and helped to institutionalize it.

4. Conclusion: 'With Spirit' is the Key to the New Normal

The coronavirus pandemic has offered a time of reflection for humanity. At this god-sent opportunity, we have searched our souls and gazed up at the sky. The thoughts we have during isolation and introspection and the kind of collective response we adopt will determine our future. As Arnold Toynbee said, historical advancements are the product of responding to challenges. No-one knows when the coronavirus pandemic will end nor how often another COVID-19 will break out in the future. It is inevitable that we adopt a "with Corona" attitude and create a "post Corona" world.

"With Corona" ultimately means living "with people", "with nature", and "with the world". The lesson that the Korean have learned from the COVID-19 crisis is that the best vaccine is living with "with spirit". This vaccine is the product of horizontal cooperation and multilateralism, of philanthropy and modesty.

We must pursue new norms and new civilizations. The etymology of the English term "civilization" is related to the word "citizen". The new civilization that must be created in unison by global citizens is the very world that Noah dreamed of as he opened the door of his arc surrounded by the world's creatures after his isolation and time of introspection following the Great Flood.

Korea's dream is to create a new civilization. We dream of a world without the polarization depicted in the film "Parasite", directed by Academy Award winner Bong Joon-ho. The Korean government has initiated the Digital New Deal, Green New Deal, and Social Safety Net New Deal - national projects to be carried out for a post-Corona world.

Korea's most beloved poet, Yoon Dong-ju was tortured to death at the age of 28 in a colonial prison six months before independence in 1945 when World War Two came to an end. I would like to close my keynote address by quoting a line from his poem, "A New Path" that was recited at his funeral.

"My path, a new path;

Upon which I walked yesterday and will walk today;

My path is forever a new path"

The path of human civilization is arduous, but together, we will once again prevail and create a new path. We will take the path of peace, health, purity, human security and joint prosperity.

Let us embark on this great, new way.

The way back to human nature of love and cooperation.

Thank you for your attention.

생명문명 선도국가 대한민국:
K-바이오 도약 10대 과제

존경하는 국민 여러분,

박병석 국회의장님과 동료 의원 여러분!

김부겸 국무총리와 국무위원 여러분.

저는 오늘 K-바이오 도약을 위한 10대 과제를 여러분과 나누고자 합니다.

총리께 질의하겠습니다.

Q 코로나19 2년. 대한민국은 비교적 선전했지만 고통은 너무 컸습니다. 의료진은 탈진했고, 자영업자는 쓰러지고 있습니다. 10만 명에 다섯 분이 사망해도 우리는 그 다섯 분의 편에 서야 합니다. 먼저 국민께 깊은 감사와 위로를 표하시는 것이 어떻겠습니까?

Q 위드 코로나(with Corona)로도 불리는 새 방역체제는 언제쯤으로 보고 어떻게 준비하고 계십니까?

Q 이제 일상을 회복하면서 공공의료체제를 구축하고, 국제기여를 높이 면서 K-바이오를 도약시켜야 합니다. 총리, 동의하십니까?

바이오, 시스템반도체, 미래차가 우리의 3대 신산업이 되었습니다. IT의 세계시장 점유율이 8%이지만 바이오의 세계시장 점유율은 0.8%입니다. 바이오를 최소 10배는 더 키워야 합니다.

포스트 코로나의 입구인 올 연말과 내년 상반기가 K-방역의 국제적 호평을 K-바이오 도약의 계기로 연결시킬 골든타임입니다. K-바이오 도약을 위해 앞으로 6개월 안에 실행할 5대 당면과제를 말씀드리겠습니다.

첫째, 글로벌 바이오·백신 허브를 공인받아야 합니다. WHO에서 진행 중인 글로벌·바이오 백신 인력양성 허브 유치를 위해 총력전을 벌여야 합니다. 총리가 위원장인 기존 글로벌 백신허브 추진위원회를 바이오백신 허브 추진위원회로 확대개편하고 목표와 일정이 명료하고 강력해져야 한다고 봅니다. 저를 포함한 국회도 함께 뛰겠습니다. 구체적 추진계획과 각오를 말씀해주십시오.

둘째, 내년 4월경 서울에서 백신 정상회담, 또는 백신 다보스포럼을 개최하고 공정 백신분배와 넥스트 팬데믹 예방의 글로벌 어젠다를 선도해야 합니다. 현 대통령과 새 당선자가 함께하고, 미국부터 북한까지 세계정상이 모이는 큰 판을 열어야 합니다.

Q 총리께서는 백신 정상회담 개최를 대통령께 건의하고 추진할 용의가 있으십니까?

셋째, 글로벌 바이오·백신대학을 추진해야 합니다. 백신의 황제라 불린 고 이종욱 WHO총장의 이름을 붙여 이종욱 스쿨로 명명할 것을 제안합니다. 백신, 방역, 보건 빅데이터, 의료AI 분야에서 연간 천여 명의 국내외 보건전문가를 키워내는 바이오 지식선도국이 됩시다.

넷째, 차세대백신 개발을 선언해야 합니다. KIST 등 공공과 민간의 차세대 백신사업을 전폭 지원해 백신주권을 확립하고, 지적재산권 부분면제와 공정분배를 지향하는 새로운 백신질서를 선도해야 합니다.

다섯째, UN평화유지군 같은 상설 국제보건유지군 창설을 국제사회에 제기하고, K-국제의료봉사단을 조직하여 보건의료 지원외교를 혁명적으로 강화하는 한국외교의 대전환을 이룩해야 합니다. 집단면역 이후 제기될 백신 지원외교의 원칙도 세워야 합니다. 상호성·긴급성·미래성, 즉 우리를 도와준 나라, 상황이 위급한 나라, 평화에 도움이 될 나라 등 백신지원 3원칙을 제안합니다.

Q 백신대학, 차세대 백신, 백신외교에 대한 총리의 의견과 정부의 준비 상태를 말씀해주십시오.

첫째, 메가펀드입니다. 바이오는 신약 임상 등 초대형자금이 필요합니다. 정부 주도로 국민과 기업이 참여하는 10조 원 이상의 K-바이오 메가펀드 조성을 요청합니다. 바이오 관련 회계기준도 글로벌 스탠더드와 산업 특성을 반영해 정비해야 합니다.

둘째, K-바이오 클러스터 허브입니다. 대학·병원·기업·금융이 잘 연계되어야 바이오 클러스터가 성공합니다. 오송, 홍릉, 대구, 송도, 원주, 마곡, 판교 등은 모두 2%가 부족합니다. 전국의 클러스터를 특화시키며 연계해 갈 허브가 필요합니다. 글로벌과 금융 접근성을 갖춘 허브가 살면 전국의 클러스터가 다 삽니다. 바이오 허브의 최적지는 여의도입니다. 여의도 국회의사당을 바이오 허브로 전환할 것을 제안합니다. 여야가 합의한 세종의사당을 초고속으로 짓고 이전합시다. 세계 최고의 디지털 세종의사당을 지어 행정과 정치의 효율성을 높이고, 여의도의 의원회관은 300개의 핀테크와 바이오 스타트업랩으로, 본청은 컨벤션센터로, 도서관은 바이오데이터센터나 기술거래소로 개조합시다. 국회 근처에 전문병원-글로벌 바이오 대학-바이오 오피스가 결합된 K-바이오 원스톱 센터 설립부터 착수하면 됩니다. 주요 바이오 클러스터의 대표자들과 의논해봤습니다. 공감대가 컸습니다.

셋째, 바이오 인력양성 플랜입니다. 인력부족과 유출이라는 반도체의 고민은 이미 바이오의 고민입니다. 백신도 신약도 의료기기도, R&D도 공장도 벤처도 인력이 부족합니다. 결국 처우입니다. 병역 등 과감한 인센티브와 정주환경 개선으로 의과학도를 키워내고 지방에 안착시켜야 합니다.

해외 한인후예들을 과학인재로 양성하고 기존 장·노년 의사인력도 재교육해야 합니다. 메가펀드, 여의도 허브, 인력양성에 대한 총리의 견해를 묻겠습니다.

넷째, 소부장·산업·빅데이터·R&D전략 재정립입니다. 소재·부품·장비를 키워야 바이오주권이 가능합니다. 국산기기 사용을 지원해야 합니다. 반도체, 자동차, 바이오를 관통하는 한국형 융복합 핵심역량을 키워야 합니다. 스마트폰으로 치매를 치료하고, 원격조정 로봇으로 수술하고, 자동차가 건강을 검진하는 기술, 디지털이 자동차가 되고, 자동차가 바이오가 되며, 바이오가 디지털이 되는 K-바이오 융복합 역량을 민관합동으로 키워가야 합니다. 미국, 중국, 영국과의 데이터 전쟁에서 지지 않도록, 보건복지 데이터 익명화에 이은 추가적 작업을 계속해야 합니다. 장기·중첩 R&D지원의 길을 열고 예방기능평가를 반영하는 등 신의료 기술평가를 개선해야 합니다.

신약·의료기기 혁신에 대한 수가조정 등 보상체계를 갖춰야 합니다. 바이오는 반도체나 자동차처럼 슈퍼스타 하나가 끌고 갈 수 없습니다. 시장을 존중하며 생태계를 키워 바이오 군대(Bio Army)를 만들어야 합니다.

끝으로 기승전 거버넌스입니다. 정부, 기업, 대학, 연구소 등 모든 바이오 관계자들의 주문입니다. 원톱-원팀(one top, one team)을 원칙으로 바이오 거버넌스를 재구축해야 합니다. 복지·과기·산자 어느 한 부처를 부총리급으로 만들거나 대통령 직속 국가바이오위원회를 만들어서라도 몰아줘야 합니다. 다음 정부와 이 국회가 초당적으로 풀어야 할 필수과제입니다. 지적재산권 등 법률지원과 국제협상 기능도 결합시키고, 지자체도 적절히 연계시켜야 합니다. 중소·벤처기업 지원을 우선하되, 글로벌 수준에 한참 먼 국내 바이오대기업에 대한 한시적 지원도 필요합니다.

Q 바이오 산업전략과 거버넌스 전반에 대한 총리의 의견을 묻겠습니다.

국회의장과 동료의원 여러분께 제안합니다. 새 정부를 준비하는 시기, 국회가 정부를 선도합시다. 국회의 보건복지, 과방, 산자위 등이 필요시 함께 바이오 문제를 논의합시다. 수술실 CCTV법을 합의처리한 보건복지위원회는 필수적인 바이오 관련 각종 입법과제를 여야공동으로 발굴·추진하겠습니다. 여야 당 대표와 대선후보들께도 협력을 요청하겠습니다.

포스트 코로나는 인간, 자연, 동물이 함께 사는 원헬스(one health) 융합 바이오·생명문명 시대가 될 것입니다. 해방 100주년인 2045년까지는 생명문명 선도강국으로 우뚝 섭시다. 감사합니다.

국회 대정부질문(21. 09. 16)

간호법 제정의 필요성

코로나19와의 사투가 1년 넘게 이어지고 있습니다.

간호 인력은 감염병 재난의 최전선에서 국민의 건강을 지켜왔습니다.

그러나 코로나 전사라는 찬사 속에는 수많은 간호사들의 땀과 눈물이 녹아 있습니다. 부족한 인력 속에서 고된 업무에 시달리지만 재량권은 없고, 상대적 박탈감도 심합니다. 더 이상 사명감만으로 버텨달라고 호소드리기도 면구스럽습니다. 간호 인력의 손실뿐만 아니라 한국 공공의료의 손상입니다. 구호가 아닌 제도적 개선이 절실한 상황입니다.

이제는 시대의 요구와 흐름을 반영한 〈간호법안〉의 제정이 필요합니다. 코로나19와 같은 신종 감염병과 초고령사회 진입은 숙련된 간호 서비스의

다시, 김민석

수요가 급증할 것을 예고하고 있습니다. 그러나 1951년 제정된 현행 의료법은 시대적 변화에 맞춰 전문화되고 다양해지는 간호사의 역할을 포괄하지 못하고 있습니다.

양질의 간호 인력을 장기적으로 확보하기 위해서는 열악한 근무환경의 개선과 지역간 인력 수급 불균형의 해소를 위한 체계적이고 종합적인 간호 정책의 시행이 필요합니다. 이미 미국, 영국, 일본, 독일 등에서는 의료법과는 독자적인 간호법안을 제정·시행하고 있습니다.

이에 간호 인력에 관한 총괄적인 법률을 제정하여 간호사의 업무범위 등을 명확히 하고 전문성 있는 간호 인력을 지속적으로 확보하고자 합니다. 간호 서비스의 질을 높이고 국민의 건강 증진에 기여할 〈간호법안〉에 의원님의 동참을 부탁드립니다. 감사합니다.

2021. 02. 08.
국회 보건복지위원장 김민석 올림

의원들에게 보낸 친전(21. 02. 08)

국가고시를 거부한 의대생들에게

조선의 허준. 유배의 고통을 딛고 의서 『동의보감』편찬에 몰두한 동력은 무엇이었을까? 중국의 화타. 정치적 어용상태를 벗어나려 한 그를 고문해 죽인 조조는 결국 그를 죽인 것을 후회했다.

'인생은 짧고 예술은 길다'로 알려진 문장의 저작권자인 히포크라테스. 인생은 짧고 의술은 길다고 갈파한 그의 수십 권 저작의 정점으로 선서를 기억하는 까닭은 무엇일까?

새로운 긴장감으로 의학의 역사를 다시 음미해보는 요즘, 숙독하고 또 숙독해보는 히포크라테스의 선서에는 놀라우리만큼 현재적인 많은 이슈가 담겨 있다. 과잉진료, 의술과 자본의 관계, 환자의 프라이버시에 대한 자세, 환자와의 성적접촉 문제, 왕진에 대한 인식, 의술의 이상으로서의 사회적 존경.

의대생 국·시에 대한 국민의 인식은 단지 시험 기회를 예외적으로 부여하는 것이 타당한가 하는 공정성 문제일까? 생명 최우선의 의사적 판단이 과거와 현재, 앞으로 제대로 작동할 것인가에 대한 문제 아닐까? 정치에 공학보다 귀한 가치가 있음을 고통스럽게 깨달은지라, 의술에도 기술과 재능보다 윤리의 문제가 근본임을 새삼 확인하고 마음이 묵직하다.

왜 윤리적 선서에서 우리는 시작하는가? 왜 의술의 신으로 불리는 히포크라테스는 의술의 정점에서 윤리적 선서를 제창했는가! 모두가 되새겨볼 일이다.

제대로 번역된 선서를 실어본다.

나는 의술의 신 아폴론과 아스클레피오스, 휘기에이아, 파나케이아, 그리고 모든 남신과 여신의 이름으로 나의 능력과 판단에 따라 이 선서와 계약을 이행할 것을 맹세합니다.

나는 이 의술을 가르쳐준 스승을 부모처럼 여기고 나의 삶을 스승과 함께 하여, 그가 경제적으로 어려울 때 나의 것을 그와 나누며, 그의 자손들을 나의 형제로 여겨 그들이 의술을 배우기를 원하면 그들에게 보수나 계약 없이 의술을 가르칠 것이며, 내 아들들과 스승의 아들들, 그리고 의료 관습에 따라 선서하고 계약한 학생들에게만 교범과 강의와 다른 모든 가르침을 전하고, 다른 사람들에게는 전하지 않겠습니다.

나는 나의 능력과 판단에 따라 환자를 돕기 위해 섭생법을 처방할 것이며, 환자들을 위해나 비행으로부터 보호하겠습니다.

나는 어떤 요청을 받아도 치명적인 약을 누구에게도 주지 않을 것이며, 그 효과에 대해서도 말하지 않을 것입니다. 마찬가지로 나는 어떤 여성에게 도 낙태용 페서리를 주지 않겠습니다.

나는 나의 삶과 의술을 순수하고 경건하게 지켜 가겠습니다.

나는 칼을 사용하지 않을 것이며, 심지어 결석 환자도 그 일에 종사하는 사람에게 맡기겠습니다.

나는 어느 집을 방문하든지 환자를 돕기 위해 갈 것이며, 고의적인 비행과 상해를 삼가고, 특히 노예든 자유민이든 여자들이나 남자들과 성적 접촉 을 삼가겠습니다.

내가 환자를 진료하는 동안, 또는 진료 과정 외에 그들의 삶에 관해 보고 들은 것이 무엇이든지, 그것이 외부로 알려져서는 안 되는 것이라면, 그것 들을 비밀로 지키고 누설하지 않겠습니다.

이제 내가 이 선서를 지키고 어기지 않는다면, 내가 나의 삶과 나의 의술 에 대해 모든 사람들로부터 영원한 명예를 얻게 하시고, 만약 내가 선서를 어기고 위증한다면 나에게 그 반대를 주소서.

페이스북(20. 09. 30)

다시, 김민석

입시봐주기 공방에 대한 교통정리

우리 위원들께서 질의하시는 가운데 '전문성에 대한 질의를 하지 못하는 것이 아쉽다'라는 말씀을 하셨기 때문에, 아마 오늘 국민 관심의 특성상 1차 질의와 2차 증인·참고인 질의는 주로 가령 자녀의 편입학 등과 관련된 신상에 집중되는 것이 불가피한 측면이 있다는 것을 서로 이해해 주시고요. 3차 질의는 정책과 전문성에 관한 것들이 많이 다루어졌으면 좋겠다는 생각을 가지고 있습니다.

1차 질의를 마무리하는 시점에 정리를 하면서 제가 서너 가지만 여쭤봐야 되겠어요.

지금 결국 가장 논의가 많이 됐던 자녀 편입학 문제는 이런 것 같습니다. 자기기술서와 구술평가라는 것이 있는데 자기기술서는 1차 서류심사에 해당하는 것이고 구술평가는 2차 면접에 해당하는 것입니다.

그런데 자기기술서는 그 전년도에 낙제점이었던 것이 그 다음 연도 2018년에는 40점이 상승한 것이고 구술평가에서는 전반적으로 특정 교실에 해당하는 부분의 점수가 다 만점이 나온 것입니다.

이에 대해서 후보자께서의 설명은 자기기술서에 대해서는 본인이 한 번도 의대 교수로서 출제하거나 이런 바가 없을 뿐만 아니라 관여한 바가 없고 그리고 구술평가에 대해서는 점수를 특별히 봐주는 것이 제도적으로 불가능하다 이렇게 설명을 하셨어요.

그런데 이 대목에서 제가 다음과 같은 관점의 전환을 요청드립니다. 후보자께서는 만약에 장관이 되시면 단순한 의대 교수나 또는 병원장 자격으로서가 아니라 국민들이 볼 때, 특정 의대의 출제나 평가 또는 입학 또는 편입학과 관련된 전형의 부정이 있다고 판단되거나 문제가 제기될 경우에 그것을 판단해서 밝혀내야 하는 상식적 판단력과 예리한 관찰력을 가져야 되는 분입니다.

그런 것에 기초해서 합리적 추론에 의해서 제기되는 문제에 대해서는 본인의 일이 아니라, 객관화시켜 놓고 이것이 과연 감사할 만한 대상인가 아닌가를 판단해야 한다고 저는 봅니다.

그런 점에서 몇 가지 좀 확인을 드리겠는데요.

첫째는 후보자께서 이미 인정하셨듯이 특별하게 누구와 가까우냐 아니냐 문제는 저희가 더 검증을 해야 할 문제이지만 경북대 의대의 전형 위원들은 85% 이상이 동일 자대 출신으로서 후보자가 모르기가 어려운 모두가 알고 있는 분들입니다. 이것 자체를 우리가 문제로 삼지는 않습니다.

두 번째로 자기기술서의 문제입니다. 자기기술서는 누가 이 기술서의 질문을 냈느냐 하는 문제가 있을 수 있는데 어쨌거나 40점이 올랐던 그 해당

시기의 문제는 이렇게 되어 있습니다.

'힘든 경험은 무엇이었는가? 인생에 경험을 준, 가치관에 영향을 준 학업 외의 활동은 무엇이었는가? 가장 인생에 영향을 준 두 권의 책은 무엇이었는가?' 이 세 가지 질문이 포함된 자기기술서에서 후보자의 자녀들은 40점을 더 받았습니다.

그런데 지금 위원회에 제출된 '경북대 의대에서의 해당 자기기술서에 대한 구체적 항목별 평가 기준은 아래와 같습니다' 이렇게 되어 있습니다. 즉 자기기술서에서 요구하고 있는 내용이 전공과 관련하여 객관적으로 평가될 능력을 가지고 있는가, 의학적 적성은 충분한가, 의학도로서의 발전 가능성이 있는가…… 이것을 가지고 자기기술서가 작성되는 질문을 제시하였는가라고 묻고 있는 것입니다.

저는 후보자에게 묻고 싶습니다. '과연 후보자가 경북대 의대 출신으로서 또는 경북대 의대에서 나온 의사들을 기용하는 병원장으로서 또는 향후에 장관이 될 가능성이 있는 공직후보자로서 이와 같은 세 가지 질문이 전공을 객관적으로 평가하는 능력을 검증한다거나 의학적 적성의 충분성을 검증한다거나 또는 의학도로서의 발전가능성이 있다고 평가할 수 있는 질문이라고 보는가'라고 묻는다면 과연 국민 중에 누가 경북대 의대의 자기기술서에서 제기된 이 세 가지의 질문이 전문성을 다루는 것인가라고 인정하겠는가 하는 부분을 참고해서 저는 이후 증인·참고인 신문에 다뤄 주셨으면 좋겠고요.

두 번째 대목은 구술평가에 관한 문제입니다. 구술평가는 후보자께서 말씀하시기를, 저도 지금 오늘 사실은 처음 자료를 봅니다만, 아홉 분의 위원이 후보자의 자녀를 포함한 여섯 분을 평가한 것을 가지고 '만점이 나온 세 분의 경우는 후보자의 자녀뿐만 아니라 다른 여섯 명에 있어서도 만점을 네 명씩이나 준 후한 채점자였다' 이렇게 지금 말씀을 하신 거예요. 우리 자녀만 봐준 게 아니다 이렇게 말씀하셨단 말입니다. 그것 자체는 팩트입니다.

그러나 저는 그 수치를 보면서 다른 것을 발견했습니다. 후보자께서도 한번 보십시오. 그리고 다른 위원님들께서도 보시기 바라는데 아홉 명의 위원이 있습니다. 그리고 세 명이 만점을 줬습니다. 그 세 명은 만점을 후보자의 자녀에게만 줬을 뿐만 아니라 다른 분들에게도 줬습니다.

그런데 분명한 것은 후보자의 자녀는 그 세 분을 포함한 나머지 여섯 명으로부터 다음과 같이 점수를 받았습니다. 1번, 17점 단독 최저점. 2번, 19점 단독 최저는 아니나 중간점. 3번, 17점 단독 최저점. 4번, 17점 공동 최저점. 5번, 17점 공동 최저점. 6번, 17점 단독 최저점, 세 명의 단독 최저와 세 명의 공동 최저가 있습니다.

이렇게 받았던 점수가 왜 특정 3인에 의해서만 그렇게 후하게 채점되는 대열에 같이 들어갈 수 있느냐, 합리적인 의심이 너무나 당연한 거 아닙니까?

이 문제는, 이 문제에 대해서 후보가 관여했느냐 아니냐의 여부를 떠나서 후보와 채점자, 평가위원들의 관계 속에서만 알 수 있는 것입니다. 그걸 우리가 어떻게 확인하겠습니까, 전원이 동창인데. 악의적으로 보면 끼리끼리고 선의적으로 봐도 동창인데. 이것은 검증을 할 영역입니다. 그리고 문제가 제기되면 감사할 영역입니다.

다시, 김민석

그러나 그것이 아니라 하더라도 '과연 여기서의 평가 기준이 의학적 관점에서 공정한가 그리고 이 평가들이 운동장 자체가 공정한 운동장이었나'에 대해서 문제 제기하는 것이 너무 당연하지 않습니까?

이 부분을 감안해서 이후 증인·참고인 질문 때 위원님들도 좀 점검해 주시고요. 그리고 후보자께서도 안이하게 답변하지 마십시오. 세상이 그렇게 쉽지 않습니다.

보건복지부 장관후보자 정호영 청문회 중 위원장으로서의 정리 발언(22. 05. 03)

2장

민주당 김민석

저는 민주당을 제 몸처럼 사랑합니다.
이어지는 글들의 앞부분은 2022년 대선과 지선 패배 이후 당의 진로에 대한 고민이 담긴 말과 글들입니다. 뒷부분은 이재명 대표의 체포동의안을 둘러싸고 당이 어려움에 빠졌을 때 밝힌 입장들입니다.

박지현 비대위원장에게

<u>1</u> 당의 혁신과 세대교체가 필요하다 생각합니다. 김대중 대통령 시절 젊은 피 수혈을 담당해본 사람으로서 이제 민주당에 대대적인 젊은 피 수혈이 필요하고, 다음 총선의 화두는 혁신공천이라 봅니다. 지난 대선 이후, 저 같은 사람의 할 일은 후배 정치인의 등장을 돕는 것이 되었다 생각해왔고, 그런 뜻을 당내의 젊은 분들께도 말씀드려왔습니다.

그중에는 박지현 위원장도 계십니다. 오늘 박 위원장은 일리 있는 말씀도 하셨지만, 틀린 자세와 방식으로 하셨습니다. 본인의 생각을 말하는 것은 자유지만, 당과 협의되지 않은 제안을 당의 합의된 제안처럼 예고하셨고, '나를 믿어달라. 내가 책임지고 민주당을 바꾸겠다.'는 사당적 관점과 표현을 쓰셨습니다. 현 시점에서 당의 누구도 쓰기 어려운 과도한 표현입니다.

무한책임감과 과잉책임감은 다른 것입니다. 옳지 않습니다. 잘 숙성되어

잔다르크처럼 당의 지도자가 되기를 덕담했던 애정으로 아픈 말씀 드립니다.

2 팬덤정치에 대해서 말씀드립니다. 정치에서 기본은 '비판 자유, 욕설 금물'입니다. 욕설은 다른 당을 향해서건 당내비판을 위해서건 안 됩니다. 그러나 비판은 무한자유이고, 정치는 상호비판에 답하면서 성장하는 것입니다. 비판하되 욕하지 마라!라고 하는 것을 넘어서 팬덤정치 일반에 대해 터부시하는 것은 아차 하면 상대에게 이용당하는 나이브한 순수함이 됩니다.

3 이준석식 '내로남덮' 정치 앞에선 더욱 그러합니다. 내 허물은 덮고 남에겐 무조건 덮어씌우는 모습에 실망한 지 좀 되었습니다. 오죽하면 '성상납 의혹 무마의 대가로 총대를 메었냐'는 비판에 고개가 끄덕여질 지경입니다.

이대녀, 안철수, 윤석열, 장애인, 이재명 …….

이준석 대표의 갈등정치, 공격정치가 누구를 상대로 어디까지 갈지 궁금하고 안타깝습니다. 적어도 내로남덮 이준석 대표는 민주당의 내로남불을 탓할 자격이 없어보입니다. 협치와 상생의 국정지표를 깨는 1번 공격수를 대표로 둔 새 여당의 내일이 걱정됩니다. 국민의힘은 감추고 미루지만, 민주당은 그래도 문제가 생기면 끊어내고 처리하려 안간힘을 써왔습니다.

어제 봉하에서 깨어 있는 강물의 메시지가 있었습니다. 때로는 번번이 무릎 굽혀 사과하는 것보다 강물처럼 다시 시작하는 결기와 투혼이 진정한 자성입니다. 지금은 그렇게 다시 일어나 뭉쳐야 할 시간입니다.

페이스북(22. 05. 24)

다시, 김민석

당 혁신에 대하여

첫째, 문제는 경제, 민생, 금리, 물가입니다. 경로당, 농기구, 어망 등 유가 인상으로 인한 민생부담과 신혼부부의 주택담보대출 상환 등 금리인상 부담을 덜기 위한 촘촘한 민생대책이 최우선이지만, 임기 초 인사혼선과 집무실 이전 같은 민생과 동떨어진 첫 어젠다 선정 등으로 금리·물가 대책 제로인 새 정부의 임기 초 경제민생 해결 역량이 걱정입니다.

둘째, 책임야당으로서 국정균형·민생안정을 최고 과제로 여기는 이유이자, 부적격이라 판단한 총리를 대승적으로 인준한 이유입니다. 민생 앞에 힘과 지혜를 모아야 합니다. 나라엔 균형, 지역엔 인물과 일꾼이 필요하고, 대선 후 멘붕이던 지지층 모두가 나라와 민주, 평화를 위해 털고 일어나시길 간곡히 청하는 이유입니다.

셋째, 국정균형·민생안정 2090 총결집 호소단을 띄우는 이유이고, '나는 깨어 있는 강물'을 외친 이번 봉하 기념식에 이어, '깨어 있는 강물처럼, 다시 시작'을 결의한 이유입니다. 90대의 권노갑부터, 문희상, 정세균, 이낙연, 박영선을 거쳐 문재인 정부의 장관들과 20대의 꿈나무들까지 막판 총력호소에 나선 배경입니다.

넷째, 내로남불 논란이 있습니다. 민주당은 국민 앞엔 무한겸손, 무한사과하며 나의 허물을 단호히 끊되, 자기 허물을 작게 덮고 남의 허물은 키우고 덮어씌우는 이준석식 내로남덮엔 단호히 대처할 것입니다. 지금까지도 민주당은 단호히 문제에 대처해왔고, 국민의힘은 정략적으로 덮고 무마하고 덮어씌워 왔습니다. 적어도 윤석열 정부의 국정지표가 협치와 상생이라면, 그 제1 파괴자이자 대야공격수로 새 여당대표가 나서는 것은 대승이 아닌 작디작은 갈등정치입니다. 그 배경이 일각의 지적처럼 성상납 의혹 무마보은이라는 앙상한 계산이 아니길 바랍니다. 스스로에게 엄격하되 내로남덮 세력의 잔꾀에 볼모가 되지 않는 균형감각도 갖추어야 합니다.

다섯째, 민주당은 영구혁신해야 합니다. 2002년 국민경선을 만들었던 혁신작업의 간사를 맡은 이후 늘 당 혁신을 지지해왔습니다. 품격 있는 토론과 당원권 확대를 본질로 하는 정당민주주의의 발전사가, 지난 70년 민주당 역사의 본령입니다. 선거 후 비대위-전대준비위와 함께 당의 혁신안을 수렴할 혁신위가 삼각편대로 떠서 정당민주주의, 당원권 확대, 올바른 비위처리와 정당한 항변권 보장, 세대교체 등을 논의하여 질서 있는 혁신이 이뤄지길 기대하고 예상합니다.

다시, 김민석

김대중 시대조차도 지도자 1인의 지시 하나로 당이 좌지우지되지는 않았습니다. 질서 있는 시스템 혁신이 이뤄지길 기대합니다. 박지현 위원장의 뜻을 살리되 접근방법의 올바름을 추구해야 할 이유입니다. 민주당은 결국 다시 일어날 것입니다. 민주당의 역사, 선현, 당원과 지지자 모두가 힘이 되길 간절히 기원합니다.

페이스북(22. 05. 25)

지방선거에서
무엇을 배울 것인가?

반면교사는 열린우리당입니다. 국회다수당으로서 과도한 집안싸움을 했고, 민주당 분열을 딛고 출발해 결국 스스로도 분열했고, 국보법 폐지 등 강경일변도로 결국 40연패의 늪에 빠졌습니다.

결론은 민주당의 전면재구성입니다. 지난 시기를 어찌 평가하든, 노선과 소속, 친소관계가 어떠하든 이 결론을 벗어나면 비정상일 겁니다.

첫째, 무한감사해야 합니다. 패배한 당의 체면을 국민과 지지자가 방어해 주셨습니다. 서울에선 시장후보의 10% 전후를 더 골라찍어 구청장들을 살리고, 경기에선 저조한 바닥보다 김동연을 더 응원해 윤 대통령이 낙점한 후보의 부도덕을 심판하고, 호남에선 민주당의 자존심은 유지시키면서도

다시, 김민석

낮은 투표율로 분발과 혁신의 채찍을 잊지 않으셨습니다.

줄줄이 투표를 거부한 서울·경기의 골라찍기는 무섭고 놀라울 정도입니다. 민주당에는 기사회생의 까치밥을, 정부여당엔 견제의 경고등을 남겨두신 국민과 지지자께 무한히 감사드립니다.

둘째, 무한통합해야 합니다. 정치는 책임입니다. 맡으면 앞에서 책임지고 일하고, 패하면 책임지고 뒤로 가 자성하는 겁니다. 그러나 철저히 책임을 묻되, 내 탓이오 하며 내 책임도 백분지 일 이상은 인정하는 조직인의 태도와 언어가 있어야 열린우리당의 되풀이를 벗어납니다. 추하게 싸우다 오래 갈라졌던 역사의 재판만은 반드시 막아야 합니다. 분열의 고통은 당을 사랑하는 모두에게 최악이었습니다.

대선 2차전처럼 여당을 상대하려 했다면 최악의 어리석음이었듯이 대선 경선 2차전처럼 내전을 재개하려 한다면 최악의 단견이 될 것입니다. 내부 투쟁을 두려워 말고 치열히 논쟁하되, 내 앞의 상대가 기호와 유니폼과 역사를 공유하는 동지임을 잊지 말고 싸웁시다.

셋째, 무한혁신해야 합니다. 역사를 존중하되 제도를 개선하고, 축적된 헌신을 존중하되 수평화를 강화하고, 시대를 반영하되 김대중·노무현의 정책적 태도를 회복해야 합니다.

박지현의 방식을 비판하더라도 그 취지까지 쏟아버리지 말고 586의 기여를 존중하면서도 세대교체의 도도함을 열어내야 합니다. 김대중이라는 큰 병풍의 사라짐을 2002년 국민경선의 혁신을 고안해 돌파했던 경험이 생각납니다. 혁신이 길이었고, 바탕은 통합과 포용이었습니다. 통합하며 혁신해야 합니다.

여러 번 제기했던 대선평가를 결국 지선평가와 합쳐서 하게 되었습니다. 사실 무에 그리 복잡하겠습니까? 문재인 정부의 한계를 극복하기 위해 이재명 후보가 선택되었고, 윤석열 후보가 그토록 문제였지만 결국 못 이겼습니다. 0.73%짜리 대통령 운운하며 패배를 인정하지 못하거나, 그래도 잘 싸웠다고 스스로를 봐준다면 이번에 그랫듯 패배는 계속될 것입니다.

국민이 보는 지선평가 또한 명료하지 않겠습니까? 첫째, 지선의 중심인 서울시장 후보와, 직전 대선후보의 적정배치에 대한 기본전략구도 발상이 정당했는가, 둘째, 선거지휘부의 전시 자중지란 책임의 뿌리와 경중은 어찌되는가, 셋째, 선거 막판 당을 흔든 정책혼선은 어찌 볼 것인가?

서울시장 흐름을 비판하다 기본 선거구도 확정 후, 전국 선거의 총괄책임을 맡았고, 전국 선거를 견제론이 아닌 균형론과 인물론으로 교정했고, 논란의 서울선거를 그래도 모두가 뛰는 선거로 만들어 보고자 애썼지만 역시 스스로의 부족함을 깊이 절감한 시간이었습니다.

2002년 서울시장 선거에서 패하면서 많은 동지들의 패배 위에 서 있는 고통과 책임감이 얼마나 큰지, 2010년 지선을 구도짜기부터 총괄하며 긴 패배의 연쇄를 끊어냈던 기쁨과 자부심이 얼마나 컸던지를 기억하며 뛰었지만, 막상 선거가 끝나고 나니 지금 서 있는 시간이 2010년이 아닌 2002년 시즌 2의 시작이 아닐까 하는 긴장감이 몰아칩니다.

패배한 동지들, 함께했던 모든 분들과 아픔을 나누고 복기의 시간을 갖겠습니다. 미안하고 감사합니다.

페이스북(22. 06. 02)

무엇이 중한가?
민주당 뉴딜을 시작할 때

–지방선거 패배 후 전당대회를 앞두고

첫째, 구도 중심의 프레임 사고에서 무엇이 중한가의 우선순위 사고로 바꿔야 합니다. 상대만 보지 말고 국민·세계·미래를 봐야 합니다. 명낙대전 과거회귀는 허망합니다.

우선순위 1은 물가·유가·금리에서 오는 비용상승 대책. 취약계층 식대부터 교통비·임대료·교육비 증가까지 이어집니다. 우선순위 2는 북한의 코로나와 무력시위, 미·중 신냉전과 우크라이나 열전에 대한 외교안보 대책, 우선순위 3은 기본서비스·기본자산 등 새 모델과 연금개혁 등을 위한 사회적 합의, 우선순위 4는 검찰국가 저지와 민주주의 공고화입니다.

둘째, 우리는 변화한 시대에 무엇이 중한가를 놓쳤습니다. 586 주류와 문재인 정부가 반성할 대목이지만, 이재명 후보 그룹도 대안을 만족시키지

다시, 김민석

못했습니다. 기본소득, 부동산 규제완화, 검수완박, 총리 인준, 무엇이 옳은지 핵심 구성원들도 헷갈렸습니다. 박홍근 원내대표가 박병석 수정안을 관철한 것에는 눈감고 수정안을 낸 박병석 의장을 수박이라 비판한 일부 지지자들까지 그야말로 총체적 자기혼란입니다. 누구를 탓하기 쉽지 않은 솔직한 배경입니다. 문명이 변하고, 한국이 선진국이 되고, 당원들이 바뀐 것을 봐야 근본적인 해법이 나옵니다. 민주당, 나아가 대한민국이 진짜, 크게, 새롭게, 서로 변하는 뉴딜, 빅딜, 뉴빅딜이 필요한 이유입니다. 우리가 어디서 실패하고 있는지 더 크게 볼 시점입니다. 직전 선거평가도 치열하게, 근본적 성찰도 치열하게 해야 합니다.

셋째, 당내와 여야 모두, 상대보다 잘하기 경쟁으로 가야 합니다. 과도한 당내 내전은 공멸, 무리한 대여 견제는 총선패배의 위험을 부릅니다. 국정방향이 불확실한 윤석열 정부보다 멀리 바로 빨리 보고 행동해야 민주당이 삽니다.

민주당 재건이 실패하면 결국 보루였던 4~50대, 호남까지 등을 돌릴 것입니다. 연패의 늪에 빠질 거냐 기사회생의 반전이냐, 분열과 총선패배냐 통합과 총선승리냐가 짧게는 향후 세 달에 달렸습니다.

대선·지선 평가, 정책 평가, 국내외 지형평가, 신 여야관계 기조, 신 외교안보 기조, 정당개혁 방안 등 민주당 뉴딜 시리즈를 제 나름대로 정리해보려 합니다. 관심과 제언을 바랍니다.

페이스북(22. 06. 07)

실명주장·공개토론이
혁신의 출발이자 민주정당의 기본

비대위 혁신과 평가의 성공을 위해 방법론부터 짚어봅니다.

첫째, DJ도 노무현도 열성팬이 있었습니다. 문제는 팬덤의 존재가 아니라 행태입니다. 자신을 숨긴 부당한 공격과 욕설은 정치테러의 예고편입니다. 평당원이건 지지자건 평의원이건 지도부건 책임 있게 언행하고 투명하게 평가되어야 공정한 민주정당입니다.

둘째, 서울시장 선거 와중에 민영화 반대 공격문자가 돌았습니다. 상대 당의 민영화 음모를 전면 공격하기엔 근거가 불충분하다는 것이 송영길 후보 등 서울 국회의원 전원토론의 결론이었는데, '왜 민영화 반대 현수막을 못 붙이게 해 송후보 당선을 방해하냐'는 자칭 송후보 지지문자를 보니 황당했습니다. 빗나간 팬덤의 웃픈 실상이었습니다. 애당을 빙자한 왜곡·선동·욕설은 뿌리 뽑아야 합니다. 비열한 익명욕설은 민주정당의 적입니다.

셋째, 공개토론을 두려워 말아야 합니다. 공수처가 만병통치약이라던, 판사 탄핵이 성공할 거라던, 임대차 3법이 정답이라던, 이재명 지지자만 다 찍으면 지선도 이길 거라던 주장들이 있었습니다. 일리도 있었지만 오류로 입증되었습니다.

공개토론했었다면 오류를 줄였을 것이고, 공개평가해야 재오류를 막을 것입니다. 제가 대선 공개평가를 주장해온 이유입니다. 평상시의 투명 토론이 선거나 주요 입법, 청문회 등 전시(戰時)의 에러를 예방합니다.

한 초선 주최 토론회가 비공개로 바뀐 것에 대한 비판 기사를 보았습니다. 미리 공지하고 현장에서 비공개하고, 국민 앞에 발제와 토론의 생얼 노출을 겁내서야 어찌 초선의 용기와 혁신을 논하며 상대의 불통을 시비하겠습니까? 인사·정보처럼 비공개가 필수가 아닌 의총 등 당내 토론은 공개가 원칙입니다. 정치가 곧 국민과의 공개대화 아닙니까? 입법이 실명제이듯 정책도 정치도 투명한 실명제여야 합니다. 토론 자체를 감추고서야 누가 맞았는지 틀렸는지 어찌 밝히겠습니까.

저 또한 과거 임대차 3법 입법 당시 침묵했던 부끄러움을 반성합니다. 전문성 부족으로 주장하고 토론할 자신이 없었고, 알아서들 잘하겠거니 안이하게 생각하기도 했습니다. 무지에서 오는 무정견과 용기 없음에서 오는 침묵이 누적되면 국민의 차곡차곡 채점을 거쳐 엄중한 퇴출명령에 이르겠지요. 정치의 두려운 숙명이라 생각합니다. 열린우리당의 108번뇌를 피하겠다며 170의 고요함을 택한다면 민주당은 고요히 죽을 겁니다. 내부토론의 긴장을 피하는 쫄보심장으론 혁신 못 합니다.

결론입니다. 비대위 주관의 지선·대선 평가와 토론의 전면 실시간 공개를 거듭 제안합니다. 실명댓글이 추가된다면 금상첨화가 될 것입니다. 당도 팬덤도 투명해야 삽니다. 민주당의 유일한 활로입니다. 치열해야 무대가 살고, 무대가 죽으면 마지막 기회는 사라집니다.

페이스북(22. 06. 12)

계파를 청산하고
당원과 국민의 정당으로

첫째, 인물과 연고로 화석화된 계파는 청산해야 합니다. 김대중·노무현·김근태·문재인 등을 기념하고 연구하는 당 공식기구를 설치하고, 참여를 개방합시다. 사돈의 팔촌까지 정치 자산화하는 연고주의 정치는 구정치입니다. 연고성 계파는 모두 해체가 답입니다. 586연고 그룹도 해체해야 합니다. 당내선거에 나서는 개인만 탈퇴하는 식은 부족합니다.

처럼회 청산 요구에 계파이익 누려온 분들이 웬 말이냐고 답한 걸 보고, 새로운 계파니 유지하겠단 건지 계파가 아니란 건지 갸우뚱했습니다. 정책의 공통체라면 연고적 계파와는 다르겠지만, 정치적 연대의 이익이 더 커졌다면 해체 요구는 필연입니다. 게다가 정책집단으로서의 처럼회는 선의의 취지에도 불구하고 이미 평가의 무대에 올랐습니다. 검찰·부동산 관련 대표 입법의 타당성부터 한동훈 청문회의 집단성적 등까지 엄히 자평하고 자기혁신과 자진해체 중 진로를 고민하는 게 어떨까 합니다.

둘째, 상층계파 청산은 정당민주주의 강화입니다. 2002년 5:5 국민경선을 도입했던 당사자이자 당원주권론자로서 저는 당원과 국민, 당 지도부의 관계를 오래 생각해왔습니다.

전 당원 투표 등 당원주권론이 있습니다만, 정당이 헌법상 국민을 위해 존재하고, 당비와 국민세금으로 운영됨까지 생각하면 '당원 온리(Only)'주의는 틀립니다.

2002년 5:5 국민경선은 하향식 대의원제와의 이별 시작이었습니다. 그후 대의원 상향선출을 발전시켜오지 못한 점이 아쉽습니다. 상향식 계획이 불분명하면 대의원제 폐지가 옳습니다. 한시적으로 필요하다면, 당력·공로·교육·직위 등 엄격한 자격조건으로 숫자를 제한하고 권리당원과의 격차를 축소하여 표의 등가성을 대폭 강화해야 합니다. 오더식 대의원 시대는 옛말입니다.

셋째, 당대표 선출에 당원과 국민의 결정력도 높여야 합니다. 현 방식은 이상합니다. 지역위원장 하향의 대의원 몫이 당원보다 과다대표되고, 국민 지분은 과소합니다. 당원 몫이 국민 몫보다 많은 게 타당하니, 당원과 국민의 비율을 7:3으로 하는 국민의힘 규정과 맞추는 것도 방법입니다. 대의원은 폐지하거나, 비중과 가중치를 최소화합시다. 당원여론과 국민여론을

50:50으로 해서 5인을 살리는 예선 컷오프도 타당해 보입니다. 조직력이 약한 국민적 기대주 등 5인 정도는 뛰는 역동적 본선 무대를 만드는 게 당을 살릴 겁니다. 상대 당 지지여론 몫까지 반영할 필요는 없습니다.

당원 권한강화의 전제는 책임강화입니다. 교육조건과 입당시한 조건은 유지하고 특히 교육조건은 강화하는 것이 장기적으로 당을 건강하게 할 겁니다. 한시적 완화는 장기적 원칙확립에 반합니다.

전대의 안정적인 관리에 안주해 시대적 혁신을 피하면 안 됩니다. 다음은 공천·586·3선 연임 등 세대교체와 지도체제를 다루겠습니다.

페이스북(22. 06. 13)

통합·혁신·총선승리를
성공시킬 당대표
'당신의 실력을 보여주세요!'

첫째, 세대교체론에 동의해본 적이 없습니다. 30대 최연소의원으로 당대표와 서울시장에 도전할 때도 나이를 자격조건으로 주장하지 않았습니다. 70대의 김대중을 향한 세대교체·3김퇴진론도 실력부족의 불순한 포장이라 봤습니다. 70대 대통령이든 30대 당대표든 문제는 실력입니다. 자기 힘으로 뚫어내야 합니다. 남녀노소 누구든 강인한 구원투수면 됩니다.

둘째, 2000년 총선의 영입·공천을 전담해봤습니다. 리더십은 당내에서 커야 한다는 확신을 갖게 된 계기입니다. 젊은 인재에 대한 긴 배려가 필요하다는 확신도 그때 생겼습니다. 급히 쓰고 쉬 버리지 않나 살펴야 합니다.

셋째, 물갈이의 때임에 동의합니다. 586의 용퇴선언이 이어지고, 동일지

4연임 금지가 약속된 흐름을 어찌 부정하겠습니까? 18년 광야를 돌아온 개인사정을 속에 담고 큰 흐름에 몸을 맡긴 이유이고, 동일지 4연임 금지를 '원칙은 반대', '현실은 인정'하는 이유입니다. 한 예로 다선 국회의장의 배출을 막을 무리한 규제란 점이 원칙반대의 이유입니다. 그러나 이전 당대표와 대선후보가 공약했고, 공천혁신 외의 뾰족한 무기도 없는 야당 처지라 피할 수 없음이 현실입니다. 눈 딱 감고 그대로 하든가, 취지를 살린 다선감점제로 가야 합니다. 신인과 약자의 경선가점과 반대로, 4연임에 임하는 강자에겐 공정경쟁을 위한 감점제로 가면 어떤가 하는 겁니다. 10년 넘었으면 그만 두든가 큰 정치하라. 이게 민심의 요구라면 합리적 방안을 찾아야 합니다.

넷째, 단일성과 집단. 두 지도체제 모두 경험하고 도전해봤습니다. 오늘의 단일성 집단지도체제에 이른 역사적 연유를 생각해봅니다. 계파를 막고, 신진진출을 돕고, 책임정치를 구현하는 게, 당이 깨질 위험을 피하려다 배가 산으로 갈 수도 있는 집단지도체제의 무책임보다 낫다고 본 겁니다. 취지는 이해하나 집단지도체제에 동의하지 않습니다. 어려워도 원칙대로 가야 합니다. 통합·혁신·총선승리를 성공시킬 당대표가 나오느냐는 도전자들의 역량, 당원들의 선별력, 민주당의 운에 달렸겠지요. 민주당을 사랑하기에 당원과 원칙을 믿고 가보는 수밖에요. 민주당 뉴딜 시리즈는 당원교육과 국회의원 공천룰을 다룬 후 지선·대선평가로 이어가 보겠습니다.

페이스북(22. 06. 14)

올바른 협치를 위하여

국민·세계·미래를 바라보는 민주당 뉴딜을 제기했고 가급적 매일 지속적으로 정리해갈 생각입니다.

또 하나 꼭 필요한 것이 윤석열 정부에 대한 건설적 제언이라 생각합니다. 국회다수 책임야당으로서 국정에 대한 절반의 책임감을 전제로 한 것이니 국정운영에 대한 의견이자, 만약 세상이 얘기하는 협치라는 게 존재했다면 이루어져야 할 올바른 협치의 방향이기도 하여, '협치일기'라는 이름으로 별도로 정리해보려 합니다.

국민이 원하는 올바른 정치에 협치의 영역이 있다면 여든 야든 그 공통지대를 터무니없이 벗어나는 순간 실패와 심판의 대상이 되리라 봅니다.

다시, 김민석

첫째, "과거엔 민변 인사로 도배하지 않았냐"는 말씀은 대통령다운 언어라기보다는 "나도 너처럼 망가질 꼬야"의 아동극 대사처럼 들립니다. 586과 민변 대신 서울법대가 주류인 엘리트 검사들로 국가요직을 채운다면 끼리끼리 코드 인사라는 1차원적 비판을 넘어, 첫째, 순혈주의를 넘어 다원성을 지향해야 할 사회지도층 구성원리에 부합하는가, 둘째, '전 요직(要職)의 검사화'가 '전 인민의 주체사상화'처럼 사회의 주류사고를 일색화시키지 않을 것인가, 셋째, 적폐의 극복이 아닌 답습의지 강변이 호민관으로서의 대통령에 맞는 태도인가, 넷째, 대통령 배우자 관련사건의 변호인을 국정원 핵심에 포함시킬 지경의 과도한 측근 검사 사랑에서 오는 집권자의 이해충돌을 두고만 볼 것인가 등 철학적인 근본문제까지 야기하여 정권의 도덕적 근본 기반을 파고드는 곰팡이가 될 것입니다.

둘째, 김건희 여사에 대한 공적 처우방식은 조속히 정리되어야 합니다. 대통령 부인에 대해 국내외적으로 정착된 관행과 제도가 있는 터에, 굳이 아니라 부인하고, 실상은 오히려 더한 부조화는 어색합니다.

권한과 예우를 다하고 책임과 의무도 지게 함이 공(公)의 세계입니다. 배우자 부속실도 정식으로 두고, 활동과 대외접촉도 공적 기록과 관리의 영역으로 조속히 들어가야 합니다. 사저에 산다고 사인인 것은 아닙니다. 이미 공인이고 그 거처는 사저를 빌린 관저입니다. 관저법이 통과되기 전이라도 관저와 집무실이 통합관리되던 청와대 수준의 공적규범을 준수해야 뒷말과 헛말이 없을 겁니다. 그것이 권력에도 국민에도 나라에도 좋은 정도입니다. 이미 김 여사께서는 공인이십니다.

가족과 측근의 도덕적 긴장을 지켜줄 특별감찰관의 즉각 임명이 검사 출신 금감원장 임명보다 시급한 이유입니다. '전에도 안 했잖아', 설마 이런 말씀을 듣게 되진 않으리라 믿습니다.

셋째, 정은경·김강립 등 코로나 방역 집행부에 대해 직권남용 등을 건 검찰고소가 있었더군요. 한동훈 법무부장관이 진짜 신경 쓰고 살펴볼 대목이라 봅니다. 검찰이 합리적 국가이성을 가지고 보느냐 아니면 유치한 검사 관성을 가지고 이 사안을 대하느냐에 K방역뿐 아니라, 헌신적 공직봉사 윤리의 미래가 달릴 수도 있으니까요.

넷째, 검찰수사권을 확대하고 복원하려는 한동훈 장관의 속도전이 딱 예상대로입니다. 검찰개혁입법을 헌재에서 뒤집기 위해 속도를 맞추려는 다급함은 이해되지만 세상사 과유불급임도 큰 미래를 꿈꾸는 분답게 되새겨보시길 바랍니다.

다섯째, 연금개혁이 가장 중요하다던 대통령 취임사의 진정성은 연금개혁 주무인 보건복지부장관 지명의 첫 실패와 두 번째 답습에서 연이어 의심받고 있습니다. 굳이 인사청문회를 안 해도 이해충돌, 안정적 성품, 도덕성 등 지금까지 제기된 문제점만으로도 장관 부적격조건을 또다시 충족시켜가고 있습니다만, 국회 원구성을 미루는 차에 청문회까지 피해가려는 꼼수가 설마 통 큰 대통령의 계획 속에 있지는 않으리라 믿습니다.

의장부터 뽑고 특위를 구성해서라도 보건복지부장관 청문회는 하는 것이 정도입니다. 원구성 지연을 명분으로 청문회 없이 임명한다는 건 부적절합니다. 어차피 부적격이니 최대과제라는 연금개혁의 지지부진은 물론, 전

공분야라는 보건 분야에서조차 이내 이해충돌의 늪에 빠져 허우적대겠지만, 임명의 근본절차적 하자는 임명권자의 체면에 추가적 손상이 될 것입니다.

여섯째, 북한의 코로나 상황은 주민의 장마당 경제와 국경이동 통제의 경제적 충격을 감수한 전면봉쇄로 일시적 수치 감소에 들어간 것으로 보이지만, 치료제와 백신 및 방역장비의 안정적 확보 없이는 결국 근본적인 처방이 어려운 임시변통일 것입니다. 군사문제와 연계되지 않은 인도적 지원을 북한당국의 자존심을 지키는 방식으로 신속히 강구하는 지혜가 남북한과 세계의 장래를 위해 절박합니다. 대북접촉과 논의를 위해 필요한 모든 경험과 인재풀을 널리 쓰길 권합니다. 꿩 잡는 게 매라는 실용주의는 586운동권을 비판할 때만 유용한 것이 아닙니다.

권영세 장관의 분발과 여권 내 주도권을 기대하고 응원합니다. 필요하다면 미국과 협의하여 중국이 전면에 서고 우리가 후면에 선 대북 코로나 의료 지원, 개성공단의 제한적인 마스크 등 의료장비 제조거점으로의 전환 등 열린 사고와 접근을 서두를 때입니다.

일곱째, 반도체 인력의 시급함에 윤 대통령이 직접 수도권 대학규제의 과감한 척결을 촉구했다는 기사를 보고 일면 끄덕이면서, 대통령이 명했다는 산자부·중기부·교육부의 협력수준을 넘어 이러한 인력부족 문제가 반도체뿐 아니라 바이오 등 중국의 고급인력 데려가기가 작동하는 국가미래 전략산업 일반의 고민이란 점과 지방대학의 혁명적 육성조치와 병역혜택·직장처우개선·문화시설 및 정주요건 개선 등 지방기업 지원책을 포함한 종합적이고 시급한 지방대책으로 가야만 비생산적인 수도권–지방 논쟁의 확대재생산으로 용두사미되지 않으리라 고언합니다. 반도체가 급하다며 실은 약해질 대로 약해진 지방을 쓰러뜨리는 우를 범하지 않기 바랍니다.

여덟째, 당면한 물가·유가·금리 인상 대책과, 구조적인 스태그플레이션 대비책 강구에서 최우선적인 과제 하나는 저소득층 식대 지원입니다. 경로당·취약계층·노숙자의 일용할 식사부터 물가인상에 맞춰 날로 빈약해지는 학교의 무상급식 메뉴까지 시급한 대책을 세우는 것이 재난지원금 못지 않은 절박함입니다. 국민의 밥상 관리가 최우선입니다.

아홉째, 금융감독원장 취임 일성의 라임·옵티머스 언급은 참으로 라임(rhyme)이 맞지 않는, 수준 낮은 시조처럼 들립니다. 아무리 본심이 그렇다 해도 금융전반에 대한 식견과 진단 정도는 갖춘 취임사 정도는 준비했어야 전문가라 굳이 보냈다는 임명권자의 면을 살리고, 혹시나 하고 바라보는 국민과 금융시장에 대한 예의 아닐까 합니다. 대한민국은 IMF를 극복하고 금융선진국 도약을 꿈꾸는 나라 아닙니까? 아무리 금융감독원의 장에 금융검사원장이 지명되었다 해도 말입니다.

열번째, 산업은행 부산 이전에 반대하는 노조에 의해 산업은행장 첫 출근이 저지되었다니, 경제난국을 앞두고 세계가 헤맬 때 뉴딜로 비상출구를 찾아야 할 대한민국의 산업은행 현주소가 참 안타깝습니다.

결국 부산의 현 시장과 차기 희망자의 마케팅 프로젝트에 그치고 국회에서의 법개정 실패로 성사되지도 않을 산업은행 부산 이전 시도의 불필요

다시, 김민석

한 소모전을 피하고, 국책은행 등이 포함된 지방금융발전기금 조성 등 현실적 대책과 홍콩 퇴조라는 모처럼의 호기에 20여 년간 역대정부가 꿈만 꾸고 역부족이었던 서울-여의도 국제금융중심지 전략에 박차를 가하는 인수위국정과제 수정이 나라에도, 금융에도, 지방에도, 부산에뿐 아니라 윤 대통령에게도 도움되는 선택임을 멀지않아 인정하게 될 것입니다. 상처 뿐일 소모전을 피하는 지혜를 권합니다.

　가볍게 시작한 협치일기 첫날분이 의외로 길어졌습니다. 국정이 묵직하고 국민이 절박한 연유겠지요. 협치를 안 하고 독치를 하시더라도 조금은 참고가 되시길 바랍니다.

페이스북(22. 06. 14)

공적 책임감으로
당을 살리겠습니다

존경하는 중앙위원 여러분!

이 자리에는 김민석이 파릇파릇한 20대에 김대중 대통령님을 모시고 정치를 시작할 때, 까마득한 선배시던 고문님들과 18년간 광야를 지나 다시 정치에 돌아온 김민석의 젊은 시절을 알지 못하는 후배님들이 함께 계십니다. 이 자리에 서게 되어 영광입니다.

제가 이번 당대표 출마를 결심한 배경에는 도저히 그냥 넘어갈 수 없는 질문이 하나 있었습니다. 지난 지방선거의 결정적 패인이 된 서울시장 선거 공천에 대한 질문입니다. 당이 내려야 할 공적 판단의 본질에 대한 질문입니다.

서울에서 시작되어 계양까지 이어진 그 과정, 100가지 다른 패배 원인이 있었다 해도 누구도 그 공천이 가장 큰 패인이고 자책점이었음을 부인하긴 어려울 겁니다. 그 여파로 너무나 많은 동지들이 피눈물을 삼키고 패배했습니다. 이들에게 어떻게 사과해야 합니까, 상식이 아닌데 왜 밀어붙였습니까? 누구에게 최종책임이 있습니까?

그냥 다음에 이기겠다고 하면 덮어집니까? 아직도 이 질문에 얽매여 있는 제가 비정상입니까? 내가 살겠다고 동지들을 죽이는 일, 그것도 당의 최고위급 인사들의 사적 이해가 앞선 이런 일이 우리 민주당사에 또 있었습니까?

다시 이런 잘못된 태도와 사고방식이 당의 대세가 되는 것만은 막아야 한다는 것이 제가 출마를 결심했던 솔직한 배경입니다.

저는 부족함이 많은 사람입니다. 최연소 국회의원, 최연소 서울시장 후보로 30대의 6년을 천당처럼 잘나가다가 험난한 18년 야인생활을 거쳐 돌아왔습니다. 아무리 승리가 절박해도 정치 공학보다 가치를 지켜야 한다는 걸 온몸으로 배우고 다시 돌아왔습니다. 이제는 빠른 정치 아닌 바른 정치를 하며 조용히 당에 기여하자 맘먹고 시작한 제 정치 인생 2라운드였습니다.

그러나 서울시장 선거 때부터 도저히 가만히 있을 수 없었습니다. 반대 목소리를 냈지만 막지 못했습니다.

우리 당은 지금 비정상 상태입니다. 수많은 동지들을 떨어뜨린 지선 패배의 원인이 분명한데 그 과정의 진실은 덮고 단 한 번도 진심의 사과가 없습니다. 토론을 회피하고 답변을 피해 갑니다. 이래서야 어떻게 마음으로 인정이 되고 하나가 됩니까? 이래서야 어떻게 도덕적 권위가 섭니까? 이래서야 어떻게 다음에 이기겠다는 말에 신뢰가 갑니까?

세와 숫자보다 중요한 것은 대의와 명분입니다. 김대중·노무현·문재인을 선택한 이유가 세가 있어서만은 아니지 않았습니까? 옳기 때문에, 그들이 사가 아니라 공을 추구한다는 믿음 때문 아니었습니까? 정세균·이해찬·추미애 이분들이 당대표를 할 때, 혹 생각은 다를지언정 그분들의 선당후사의 공적판단 자체를 의심한 적은 없지 않습니까? 선당후사의 공적판단을 세우는 일, 이것이 가장 중요합니다. 이번 전당대회에서 우리는 당 전체와 동지들보다 나의 문제를, 공보다 사를 우선했던 흐름에 무서운 경종을 울려 당이 살아있다는 걸 보여주어야 합니다.

윤석열 정권 엉터리 아닙니까? 우리가 뭉치기만 하면 얼마든지 견제하고 바로잡고 리드할 수 있지 않습니까? 올바른 공적판단을 하는 지도부로 당이 서로 신뢰하고 하나만 되면 얼마든지 다시 시작하고 다음 총선 확실히 이겨낼 수 있지 않습니까?

존경하는 중앙위원 여러분! 새로운 흐름을 만들게 해주십시오. 선당후사의 공적판단이 무너지면 누구라도 심판한다, 이번 전당대회에서 당의 가장 중요한 원칙을 세워주십시오. 선당후사의 원칙과 윤리를 확립하겠습니

다시, 김민석

다. 대선경선 연장전, 계파싸움의 연장전이 아닌 화합을 만들겠습니다. 종래의 계파질서를 혁신하겠습니다. 공명정대하게 당무 하나하나를 처리하고 소통하며 혁신하겠습니다.

저는 새천년민주당 창당·공천·영입을 기획하고 5:5 국민경선을 디자인한 일부터 여러 전국선거를 총괄해 승리해 본 경험까지 당의 큰 혁신과 선거를 승리로 이끌어봤습니다. 권역과 세대의 간판스타들을 다시 일으켜 세우며 총선승리와 대선승리의 새 판을 짜겠습니다.

제게는 훈련된 정책 감각이 있습니다. 코로나 초기 재난지원금을 제안했고 최근 경제위기에 대비해 유류세·소득세·교통비·식비 등 민생뉴딜, 글로벌 바이오허브 유치 등 시대적 흐름을 읽고 선제적으로 정책을 제기해 왔습니다. 저들의 사정정국에 끌려다니지 않고 민생·민생·민생을 계속 제안하고 선도해 민심을 붙잡겠습니다. 부당한 사정 드라이브는 누구를 향한 것이든 단호하게 쳐내겠습니다.

당의 정체성을 지키고 강화해 가겠습니다. 교육을 강화하며 당원 주권의 폭을 차근차근 확실하게 넓혀가겠습니다. 당을 화합하고 정책으로 국정을 리드하고 총선을 성공적으로 치러낼 종합적 역량으로 당의 혁신을 이끌겠습니다.

저는 민주당을 제 몸처럼 사랑합니다. 무한 책임감을 가져왔습니다. 2002년 단일화를 이루고 오겠다고 몸을 던졌을 때도 안철수·김한길 합당으로 민주당 당명이 사라질까 걱정되어 권노갑·김원기·정세균 세 분께 말씀드리고 민주당 간판을 지킬 때도 그런 공적 책임감으로 움직였습니다. 그런 책임감으로 당을 반드시 살려내겠습니다. 당의 신뢰를 회복하고 화합을 이끌어 반드시 총선승리를 만들어 내겠습니다. 감사합니다.

중앙위원 대상 당대표 출마 연설(22. 07. 28)

다시, 김민석

결기 있게 검찰과 싸워나가라

검찰의 시간은 끝났습니다

왜 저 사람들이 저럴까? 생각을 해봤는데요. 저는 이렇게 봅니다. "자신이 없어서 무리하는 거다." 이렇게 봅니다.

'이재명 대표가 압도적인 야권의 대선 후보이기 때문에, 이재명을 잡으면 총선도 치르기 좋고 대선에서 정권 재창출할 수 있을 것이다.'라는 생각이 있겠지만 그걸 뒤집으면 국정과 민생에 자신도 없고 판은 벌였는데 이 판을 정리하지 못하고 (이재명을) 잡지 못하면 자기들이 죽는다, 사실 저는 그게 더 크다고 봅니다.

쉽게 얘기하면 '쫄은' 겁니다. 이건 선무당 칼춤이다, 저는 이렇게 봅니다. 그럼 어떻게 대응할 거냐? 크게 보고 멀리 보고 차분하고 당당하게 대응하면 된다고 봅니다. 똘똘 뭉쳐서 부결하는 것은 재론할 가치가 없습니다. 저는 그렇게 될 거라고 보고 있습니다. 민주당은 그런 당입니다. 역사적으로 그런 당이었고, 민주당의 DNA가 그렇다고 확신하고 있습니다.

불구속 재판의 원칙으로 봐도 그렇고, 부당 수사를 우리가 다 같이 지켜보고서 정치인으로서의 정치적 양심을 놓고서도 그렇고, 대선 때 같이 뛰었던 후보이자 당이 민주적으로 선출한 대표인데 그런 대표이자 대선 후보에 대한 동지애로서도 그렇고, 야당 탄압을 지켜보고 그것이 바로 예견되고 있는 상황에서 정상적인 당인이라면 가져야 할 당의 자세, 여기서도 그렇다 전 이렇게 봅니다.

당론으로 할 거냐 말 거냐? 논의할 가치가 없는 문제입니다. 굳이 (당론으로) 할 필요도 없고 그냥 당일 총의로 부결시키는 겁니다. 이건 그냥 완벽하게 단호하게 부결시키면 됩니다.

이후 어떻게 될 거냐? 저는 검찰의 시간이 끝났다고 봅니다. 이제 법원의 시간, 민심의 시간, 그리고 근본적으로는 정치의 시간이 왔다, 며칠 안 남았다, 이렇게 봅니다.

따박따박 우리 이재명 대표께서 재판에 그냥 잘 대응하면 됩니다. 그간에도 어려운 거 다 이겨내고 대법까지 가서 이렇게 뒤집는 거 해봤기 때문에 결국 이것도 뒤집을 거다, 저는 그렇게 보고 있습니다.

다시, 김민석

더 중요한 것은 비로소 검찰의 시간이 끝나고 이제 그동안 아무리 우리가 민생을 이야기해도 '기승전 이재명'으로 갔던 그 프레임이 끝난다는 것도 동시에 봐야 합니다. 그래서 저는 비로소 우리 당과 지도부가 추구해왔던 민생 노선이 이제 현실화될 조건이 왔다는 것을 봐야 된다고 생각합니다.

"우리 당에는 대표 리스크가 있다."는 말은 보수 언론과 상대방이 하는 이야기입니다. 저는 이렇게 묻고 싶습니다. 국힘 대표 리스크가 더 커질 겁니다. 김기현 씨가 될 텐데요. 김기현을 가만히 보니까 윤석열 대통령보다 더 모자란 것 같습니다. 그래서 대략 서울대 나온 60대 중에 인생의 맛을 모르는 사람들이 얼마나 모자랄 수 있는가, 얼마나 꼰대 정당이 되는가 하는 것들을 저는 이제부터 여실하게 보여주는 시간이 올 것이다라고 그렇게 봅니다.

분란 리스크는 이미 시작됐습니다. 저 당은 사실 끝났습니다. 결국 이준석 저항이 시작됐고, 형식적인 신당을 하느냐 아니냐와 상관없이 윤석열은 신당을 만든다, 그냥 100% 공천을 하고 싶을 텐데 이준석 그룹이 반발할 것이고 그래서 결국 저는 본질적으로는 윤석열 신당으로 갈 것이다라고 봅니다. 그래서 검사들 쌈박하게 뉴페이스로 공천하려고 하겠죠.

그게 안 먹힙니다. 그래서 (국힘의) 대표 리스크-분란 리스크-민생무능 리스크는 저들이 이야기하고 기대했던 이재명 리스크보다, 대표 리스크보다 훨씬 크다는 겁니다. 그래서 체포동의안을 부결시킨 순간부터, 그리고 저들의 전당대회 3월 8일을 기다릴 필요도 없이, 이미 저들의 대표 리스크, 분란 리스크, 민생 무능 리스크는 더 커지고 있고 점증되고 있습니다.

동태를 보고, 앞날을 내다봐야 한다

(밖에) 나가면 많은 사람들이 "민주당 싫다."고 이야기할 겁니다. 그리고 지지도가 조금 떨어지는 건 사실입니다. 맞습니다. 이렇게 (상대가) 때리는데 지지도가 높으면 그게 정상이 아니죠. 그런데 더 중요한 게 있습니다. (민주당은 싫지만) "국힘은 더 싫다."고 얘기합니다. 이게 사실입니다. 그리고 더 싫어질 것입니다. 그래서 지지도를 볼 때, 정치인은 정태(停態)를 보는 것이 아닙니다. 동태(動態)를 보는 것이고, 앞날을 보는 것이 정치인이기 때문에 우리 민주당은 그 정도 볼 역량은 있다고 생각합니다.

문제는 '어떻게 변화시킬 것이냐'입니다. 지지도가 (앞으로) 변화할 텐데, 우리가 잘해야 변화시킵니다. 결국 정치에서는 지지도가 대장입니다. 모든 게 지지도고 지지도를 올려야 되고 더 중요하게는 총선에서 이겨야 됩니다. 저는 오늘 이 자리를 빌려 지도부에 몇 가지 말씀을 드리고 싶습니다.

첫째는 문자 그대로 민생 전면체제로 어떻게 바꿀 것인가를 고민해야 합니다. 역량과 대중적 설득력을 강화해야 합니다. 사실상 총선 체제는 탄핵 결의를 한 날부터 시작됐다고 봅니다. 이미 (양당이) 스타트라인에 선 겁니다. 그리고 달리기 시작했습니다. 난방비, 유보 통합 등 완전히 에러가 나는 것들도 있고요, 지하철 (운임) 문제 등등 사실 일면 에러인데 일면 일리도 있는

다시, 김민석

대목이 있습니다. 그리고 사실은 우리가 놓치고 있는데 저쪽에서 금융(폭리)에 대해서 최근에 때리고 있는데, 사실은 저쪽에도 득점 가능성이 있는 요인입니다. 그래서 저는 우리가 냉정하게 때릴 거 때리고 받을 거 받고 더블로 주면서 민생 부분에 대해서 잘 대응해야 된다 이렇게 봅니다.

필요하면 저는 과거에 대한 반성을 더 해야 된다고 봅니다. 우리가 잘했으면 정권 놓쳤을까요? 놓쳤잖아요. 소득주도성장과 부동산에서 에러가 났잖아요. 그런 부분들에 대해서 "저들이 못하니까 우리는 다 잘했다."라고 말하면 국민들이 다 (잘못된 걸) 안다고 봅니다. "저놈들이 엉터리니까 이제 협치는 없다."라는 언어를 구사할 필요도 없다고 봅니다. 저들이 엉터리라고 우리까지 엉터리일 필요는 없습니다.

협치라는 언어를 구사할 필요는 없지만 국민의 입장에서 정치하는 것이기 때문에 (국민)통합의 입장에서 국민의 입장에서 긴급한 건 그냥 하는 겁니다. 저는 그게 '국민이 바라는 바다'라고 생각합니다. 상대방이 사리분간을 못한다고 해서 우리도 사리분간을 못 할 필요는 없다고 생각합니다.

당면한 법적 사안 몇 가지에 대해서 말씀드리겠습니다. 국민들의 눈에서 보면 여러 가지 사안이 혼재되어 있는데, (곽상도) 50억 판결에 대한 분노, 이상민 헌재 탄핵에 대한 문제, 50억 클럽 특검에 대한 문제, 김건희 특검 문제가 있는데, 제가 '항상 정치를 국민의 눈에서 해야 된다'는 원칙에서 본다면 제 체감으로는 이렇습니다.

우선순위는 1번 50억 판결에 대한 분노, 2번 이상민 헌재에 대한 정리, 3번 50억 클럽에 대한 특검, 4번 김건희 특검, 전 이렇다고 봅니다. 이걸 (네 가지 사안) 다 (처리)하는 것은 당연한데, 이것이 꼭 하루에 똑같이 해야 되냐? 저는 개인적으로 그렇지 않다고 봅니다 (처리)하면 되는 겁니다. 하루에 할지, 순차적으로 풀어갈지, 이 부분의 (정치적)기술과 타 당과의 연대의 지혜는 지도부에서 잘 해주시면 된다, 잘 해주실 것이라고 봅니다.

50억 곽상도 판결이 중요한 이유는 이런 겁니다. 이거는 판사와 검사 양 그룹의 짬짬이 문제이고 카르텔 문제이기 때문에 각각 문제가 있고 이 본질이 그 각각의 무능 또는 고의에 의해서 일어난 것이기 때문에 반드시 동시에 쳐야 됩니다. 근데 검찰은 지금까지 쳐왔던 만큼의 수준으로 더 강화함과 동시에 저는 법원과 헌재를 때려야 한다고 생각합니다. 그리고 이것은 앞으로 바뀐 전선에서 법원과 헌재에 대한 압박의 의미가 있다고 봅니다.

여기서 저는 한 가지 제안을 드리고 싶습니다. 우리 당의 최기상, 김용민, 김남국 의원이 제기했고 우리 정책 의총을 통해서 지금 50대 (당론) 안건 중에 (포함)되어 있는 것입니다. (그간) 별로 깊이 못 봤는데, 형법상 법 왜곡죄 문제를 집중검토해서 통과시켜야 된다고 봅니다. 이것은 부당판결과 부당법집행에 대한 규제와 처벌을 담고 있는 내용이고 검찰 과거사위원회에서도 이미 권고했던 문제입니다. 독일 등 다수의 입법례가 있는 문제이고 과거에 주광덕, 심상정 등도 발의했던 사안이며 현재 이 50억 판결에 대해서는 홍준표·한동훈도 비판하고 있는 문제입니다. 대륙법 계열이 아닌 미국에서도 판검사에 대한 탄핵은 아니지만 배심원제로서 사실상 (재판결과에) 국민의 의견을 반영하고 있기 때문에, 저는 이 문제는 신중하고도 적극적으로 판단할 때가 됐다(고 봅니다.) 그래서 저는 이 문제를 검토할 것을 공론화해 주실 것을 요청을 드립니다. 검토해서 진행해야 됩니다.

두 번째로는 저는 이와 함께 판·검사 탄핵 문제를 검토해야 된다고 봅니다. 제헌의회의 탄핵 해석에서는 우리가 대통령(제지만) 책임제가 아니기 때문에, (즉) 내각 책임제라면 이태원 이후에 벌써 (내각이) 해산됐어야 되는 상황인데, 대통령 책임제가 아니기 때문에 장관과 판·검사까지를 우리가 탄핵의 대상으로 넣은 것입니다. 정치적 책임의 문제입니다. 지난 대통령 탄핵 때 행상책임의 문제까지도 검토했었습니다. 지금이야말로 온 국민이 분노하고 있기 때문에 헌법과 검찰청법에 존재하는 판·검사 탄핵의 문제를 진지하게 검토할 최적기가 왔다고 (보고), 어쩌면 이 문제야말로 검찰 개혁 이후에 사법개혁으로 필연적으로 나아갈 수밖에 없는 우리의 본질적인 개혁의 길로 나아가기 위한 위장된 기회라고 생각합니다.

이길 수 있습니다, 한 석이라도 이겨야 합니다

결론적으로 총선에 이겨야 됩니다. 이 모든 사달은 대선에 졌기 때문입니다. 그리고 더 큰 사달은 우리가 대선에 질 만큼 (정치를) 못했기 때문입니다. 대선에 진 걸 반성하고 더 잘하겠다고 결의하고 면모를 일신하고 그리고 총선에 이기면 그것이 개혁입니다. 단호하게 (체포동의안을) 부결시켜야 합니다. 그리고 법왜곡죄와 판·검사 탄핵을 진지하게 검토해서 빨리 결론 내야 된다고 봅니다. (국회의원) 한 석 이상만 총선에서 이기면 이기는 겁니다. 총선에서 한 석 이상 이기면 제1당입니다. 헌재에서 이번에 헌재가 (이상민 탄핵을) 인용하면 좋고, 만약에 우리가 충분히 인용돼야 된다는 국민적 여론을 만들었는데(도) 헌재가 인용하지 않으면 국민은 더 분노할 것입니다.

그래서 그냥 가는 겁니다. 헌재의 결과에 따라 1차 레임덕이 올 것입니다. 그리고 총선에서 (우리가) 1석 이상 이기면 저는 결국 2차 레임덕 온다고 봅니다. 그러면 윤석열 못 버팁니다. 그리고 저 당 이미 분란이 시작됐고 (윤 대통령한테) 당 나가라 그럴 겁니다.

여러분! 기억하십시오. 박근혜 탄핵은 박근혜 당에 속했던 사람들이 찬성에 동참하면서 일어났던 것입니다. 그런 일이 안 일어난다? 절대 그렇지 않습니다. 정치는 국민이 하는 겁니다. 국민의 압박이 무섭게 일어나면 헌재에서도 승리할 수 있고 총선에서도 승리할 수 있고 '저 당은 결국 깨진다' 라고 저는 이렇게 믿고 있습니다.

저는 박지원(전 원내) 대표처럼 '이재명 대표가 김대중 전 대통령보다 더 훌륭하다'고 생각하지는 않지만, 그러나 (이재명 대표가) 진화하고 있다고 믿습니다. 제가 바로 이 자리에서 지난 전당대회 때 누구보다 세게 이재명 대표를 독하게 공격했던 사람이지만 그때도 저는 사법 리스크에 대해서는 한마디도 안 했습니다. 딱 하나, 지방선거 (패배에 대해 선대위원장으로서) 책임졌으니까 그냥 정치적으로 책임져라 이야기한 겁니다.

그런데 이제 저는 여러분께 말씀드리고 싶습니다. 적어도 (이재명 대표가)

다시, 김민석

구질구질하게 돈 받고 이런 거 안 한 사람이라고 저는 믿습니다. 여러분도 믿으시지 않습니까? 우리 당원들이 그렇게 믿고 있기 때문에 압도적으로 당선시킨 거 아닙니까? 온 국민이 그렇게 믿고 있기 때문에 지금 이 사정을 엉터리라고 보는 거 아닙니까? 윤석열 대통령 엉터리고, 한동훈 장관 별거 없지 않습니까? 저 검찰도 엉터리 아닙니까?

이길 수 있습니다. 저는 민주당이 당연히 원칙과 동지애에 따라서 대표를 지켜야 하고 대표는 자기의 모든 것을 던져서 민주당을 지키는 결기와 지혜와 절제를 발휘해야 하고 그렇게 할 것이다라고 믿습니다. 그래서 남아 있는 기간을 잘 헤쳐나가면 우리는 반드시 남아 있는 싸움에서 승리할 수 있고, 총선에서도 이길 수 있고 총선에서 이기면 오늘 우리가 싸우는 모든 것이 결국 승리로 돌아올 것이라고 확신한다는 말씀을 드립니다. 감사합니다.

민주당 국회의원·지역위원장 비공개연석회의 발언(23. 02. 17)

침묵의 장막투표를 규탄한다

- 이재명 대표에 대한 1차 체포동의안 표결을 보고

새벽기도를 마치고 나오는데 민주당 잘하라는 한 노권사님 말씀에 왈칵 눈물이 쏟아졌습니다. 국민과 당원, 지지자들 보기가 너무 창피하고 죄송하고 가슴 아픕니다.

어제 본회의장에 앉아 늦어지는 개표를 기다리는 시간, 너무 고통스러웠습니다. 설마하며 내심 간직해온 우려가 현실이 되는 거 아닌가 조마조마한 상황 자체가 너무 화가 났습니다.

민주당을 지켜야 합니다. 저는 민주당을 제 몸처럼 사랑합니다. 20대에 당원이 되어 김대중 전 대통령에게 정치를 배우고 정치인으로 살아온 내내 당에 대한 무한책임감을 가져왔습니다. 당과 당원을 분열시키고 나라와 민주주의의 발전에 해가 되었던 그 지긋지긋한 내분의 과거로 돌아갈 수는 없습니다. 이를 악물고 모든 걸 걸고 당의 분란을 막겠습니다. 20년을 멀리 돌아와 다시 정치를 하는 사람으로서의 책무라 생각합니다.

1 국민의 눈으로 상황을 보고 중심을 잡고 헤쳐가야 합니다. 민주당이 흔들리면 폭정을 막을 수 없고, 민생도 지킬 수 없고, 통곡하는 이들의 힘이 될 수 없고, 불의를 바로잡고 정의를 세울 수도 없고, 평화를 지켜 대한민국 재도약의 길로 나갈 수도 없습니다. 누가 뭐래도 민주당은 대한민국을 지켜온 책임 정당입니다. 상해임시정부의 정통성과 민주화의 가치를 끌어안아 온 당이고, 산업화의 역군인 서민과 노동자의 편에 서온 당이며, IMF 위기를 극복하고 IT강국·문화강국·남북평화의 토대를 닦은 당입니다. 현 정국의 본질은 '이재명 지키기'를 넘어 '민주당 지키기'입니다.

2 이번 표결에 찬성표나 기권표를 던지는 방식으로 단일대오에서 이탈한 정치행태는 실망을 넘어 비판을 피할 수 없습니다. 찬성이나 기권은 자유지만, 그간의 당내 토론과정에서 한 번도 공개적으로 주장하거나 토론하지 않고 은밀하게 투표한 방식은 아무리 생각해도 옳지 않습니다. 차라리 '찬성투표하고 영장심사를 받는 게 낫다'고 주장했던 일부 의견이 정직합니다. 이번 찬반투표는 사실상 검찰수사와 영장청구의 정당성 여부에 대한 정치적 의사표명이기 때문에 형식이 비공개투표일 뿐 본질적으로는 국민 앞에 자신의 입장을 명료히 드러내는 것이 옳은 사안입니다. 주장하지 못하는 소신은 소신이 아니며 만일 집단적 의논을 거쳤다면 당당하지 못한 사술입니다. 앞으로는 이 사안에 대해 당당히 스스로의 의견을 밝히기 바

랍니다. 정치는 주장하고 평가받는 것입니다.

　이재명 대표에게 책임정치를 요구한다면 본인들도 책임정치를 해야 합니다. 민주주의에서 침묵이나 익명, 기권도 분명히 존중받아야 할 권리이지만, 적어도 국회의원이라면 이 정도 사안에서 당 일반의 흐름과 다른 자신의 의견에 대해서는 공개적으로 천명하고 행동하는 것이 바람직합니다. 앞으로 그리해주시는 것이 정당민주주의에 기여할 것이라 믿습니다.

　3 이번 사태를 수습하는 과정에서 부정확한 내부총질도 없어야 합니다. 확인되거나 검증되지 않은 내용으로 이탈자로 추정하고 낙인찍고 매도하는 행위도 옳지 않습니다. 지도부든 의원이든 당원이든 유튜버든 그런 일을 한다면 민주당과 민주주의에 어긋나는 것입니다. 의심이 가더라도 확증이 없으면 공격을 자제해야 하고, 혹여 이참에 무언가 자신의 다른 목적을 위해 누군가를 의도적으로 공격하는 일은 없어야 합니다. 이러저러한 부정확한 리스트를 유통한다면 정치검찰과 무엇이 다릅니까? 선의의 희생자를 만들고, 당의 분란을 필요 이상으로 증폭시켜 분열을 가중시킬 것입니다. 특히 상업주의적인 극소수 유튜버들의 분란 부추기기는 용납되어서는 안 됩니다.

　4 분명한 것은 체포동의안이 부결되었다는 점입니다. 이탈은 있었지만 막아낸 것입니다. 전례 없는 무자비한 정치검찰의 공세 앞에 비록 '상처 입은 부결'이라도 성사시켜 낸 의미를 지켜내야 합니다. 뻥튀기 수사, 엿가락 늘이기 수사, '아니면 말고'식 압수수색에도 뾰족한 물증 하나 없이 기껏 '쪼개기 영장청구'로 제2·제3의 체포동의안 제출을 시도하고 야당분열을

다시, 김민석

조장해보려는 천박한 발상과 전략이 현 정치검찰 수뇌부의 수준입니다. 정순신 임명이 괜히 나온 게 아닙니다.

제2, 제3의 체포동의안 제출을 겁낼 것이 아니라 아예 추가체포동의안을 제출할 경우, 투표 보이콧 즉, '당론으로 본회의 불출석을 통한 투표불성립을 결의해, 야당분열 획책음모의 싹을 잘라 버리겠다'고 즉시 선언해야 합니다. 그것이 차라리 국력과 당력 소모를 막고 정국을 체포동의안 정국에서 민생·민생·민생 정국으로 전면 전환시키고 정치를 갈등에서 생산적 경쟁으로 이끄는 길입니다. 부당한 것에 끌려다니는 것은 민주주의가 아니라 무기력입니다. 이번 체포동의안 자체가 잘못된 것일진대 다음 체포동의안이 갑자기 정당한 것으로 탈바꿈할 리는 없지 않습니까?

5 체포동의안 부결로 이재명 정국은 끝났습니다. 검찰이 자신 있다면, 어차피 되지도 않을 체포동의안 추가제출 쇼 꼼수를 접고 기소하면 그만이고, 이재명 대표는 따박따박 재판을 통해 법정 대응하면 될 일입니다. 제모든 걸 걸고 보증합니다. 민주당 당대표 이재명이 어디 도망가겠습니까? 민주당 당원과 지지자 천만 명 이상은 너끈히 연대 보증하리라 믿습니다.

이제 민생, 민생, 민생입니다. 당 지도부가 심기일전하여 전면쇄신으로 민생전면체제를 갖추기 바랍니다. 물가 및 교통비 대응, 로톡판결에도 지지부진한 법무부의 법조기득권 감싸기 척결, 정순신 사태의 철저한 규명을 통한 학폭척결 및 학폭 아빠찬스 근절, 정순신 사태에서 드러난 인사검증 부실 재발방지 및 정치검찰식 끼리끼리 인사에 의한 민생훼손 근절, 대통령 가족 비리 의혹의 전면 규명을 통한 주식시장 신뢰 확립, 곽상도 50억 뇌물 무죄사태의 재발근절을 위한 부실판검사 탄핵 등 근본적 민생정의 확립을 위한 사법개혁, 내실 없는 구호와 일방통행으로 흐르고 있는 정부의 3대 개혁 캠페인에 대한 견제와 교정, 북한의 무력시위에 대한 확고한 외교안보 대응전략 실행 및 그와 병행한 대화 재개촉구, 반도체·자동차·바이오·콘텐츠·우주사이버 등 국가전략산업에 대한 구체적 실행전략 촉구, 파격적이고 종합적인 저출생·초고령화 대책 제안, 무엇보다 무고한 어버이들의 한과 통곡을 어루만지고 정의를 살려낼 이상민 장관 탄핵 헌재 인용의 공감대 확산 등 민주당이 할 일이 너무 많습니다. 정부 여당의 능력을 기대할 수 없는 것이 현실 아닙니까? 하나하나 체계적으로 맥을 짚어 국정의 흐름을 선순환으로 바꾸어야 합니다. 국민의 편에서 초당적 관점으로 할 일은 해가야 합니다. 그것이 국민의 명령이라 믿습니다.

6 당은 이제 혁신과 통합으로 총선 준비를 시작해야 합니다. 총선에서 단 한 석이라도 이겨 폭정을 견제하고 국정 책임을 공유하는 제1당의 지위를 이어나가야 합니다. 혁신하면서 통합해야 합니다.

첫째, 대표와 최고위원 등 선출직을 제외하고 최대한 심기일전 면모일신으로 사실상의 총선체제로 전환하는 것이 좋습니다. 책임론 차원이 아닌 분위기 일신과 거당적 역량 총동원과 집중이 필요한 시점입니다. 총선을 앞두고 기존의 친소관계가 무슨 의미가 있겠습니까. 문자 그대로 정치검찰에 맞서 민생·민생·민생을 실천하고 총선을 승리로 이끌 실무편제 탕평부대를 정비할 시점입니다. 원내대표 선거 등 모든 당내정치 일정을 당의 과제에 맞춰 지혜롭게 풀어가야 합니다. 지도부의 현명한 대응을 기대합니다.

둘째, 내년 총선공천의 공정한 룰을 총선 1년 전인 올 4월까지 정비하기 위한 공개적 작업을 시작해야 합니다. 민주당은 시스템 공천의 역사와 경험을 축적해 왔습니다. 기존 제도를 보완 정비하고, 전 지역 경선원칙의 현실화를 위해 전 지역 실질적 경선토론의 제도화로 나아가야 합니다. 유튜브나 줌 등 기술적 발전과 권리당원의 참여 확대로 전 지역에서 실질적 경선토론을 실현할 정당민주주의의 기초가 갖추어졌습니다. 구태의연한 계파 공천이나 근거 없는 낙인찍기가 아니라 소신과 정책으로 토론하고 실적과 행보, 비전으로 지역당원과 주민에게 공정히 평가받는 보편적 공천규정이 조기확정되면 선거 때마다 되풀이되는 당의 분란은 예방될 것입니다.

셋째, 통합과 단합만큼 혁신이 중요합니다. 결국 모든 총선은 정당 간의 개혁과 혁신 경쟁입니다. 지도부가 나서서 새로운 민주당의 노선을 정립하고 그를 상징할 4~5명의 국민적 상징을 영입·발탁하는 일부터 시작해야 합니다. 천하에 뉴민주당을 선포하고 지혜를 구하며, 천하에서 인재를 찾아야 합니다. 참신하고 능력 있고 합리적이며 신망 있는 다채로운 새 얼굴들을 전면에 포진시켜 윤석열-김건희-김기현-한동훈-천공 당(黨) 공천에 맞서 이겨낼 준비를 해야 합니다. 전국을 돌며 당원·국민과 함께 거리와 실내와 현장에서 뉴민주당 노선과 민생제일 정책을 정립하고 실천해야 합니다.

이제 뉴민주당의 깃발을 들 때입니다. 그것이 당초 이재명 지도부에게 주어졌던 당원과 국민의 명령이었습니다. 우리는 정권 재창출에 실패한 실책과 과오와 책임을 뛰어넘어야 합니다. 정치검찰의 방해로 늦어졌지만 이제 시작하면 늦지 않습니다.

넷째, 통합과 혁신을 위한 선결과제가 하나 있습니다. 계파청산입니다. 정당에 다양한 정책그룹과 친소관계가 있는 것은 자연스러운 것이지만, 어느 선을 넘어가면 긍정 효과보다 부정 효과가 커집니다. 개인적으로 저는 지난 비대위의 성과에도 불구하고 가장 아쉬운 점을 계파 온존으로 보고 있습니다. 기존의 계파적 당 질서에 대한 온정적 태도가 결국 기존 계파의 부활과 새 계파 탄생의 길을 열었다고 봅니다. 순수하고 집중적이고 실질적으로 정책논의와 생산에 집중하는 정책그룹이나 한시적인 목적성 그룹이 아니라, 역사적 친분에 입각하거나 사실상 당내정치와 연계된 일체의 그룹이 계파입니다. 결성이 자유이니 해체를 강권·강제할 수는 없지만, 적어도 지금은 사소한 그룹 행동이 계파적 질서의 고착화를 낳고 나아가 상대 그룹의 조직화 명분을 줄 뿐 아니라 당의 내부불신과 갈등을 고착화할 수 있기 때문에, '한시적 정책그룹'이 아닌 모든 당내그룹은 '무기한으로 활동 잠정중지'와 '단체모임 유보'를 선언할 시점이라 믿습니다. 그렇지 않으면 지금처럼 민감한 때에, 누구와 친하다는 이유로 무조건 이탈표로 낙인찍히는 정치적 연좌제 및 선의의 희생자 배출, 나아가 치욕적으로 "나는 아니다"라는 선언을 강제하는 비합리적 바람이 당내에 불 것입니다.

지금은 크게 멀리 깊이 보고 당내의 리더들이 결단하여 모든 그룹 활동의 잠정중단을 이끌어주셔야 합니다. 진정한 정책그룹들의 백가쟁명과 건강한 정책노선 토론이 활성화될 시기가 곧 다시 올 것입니다.

다섯째, 건강한 정당민주주의를 위해서는 당 지도부 및 의원들의 노력 및 혁신과 함께 당원들의 노력도 필요합니다. 선의와 의협심에 의해 지도부나 의원들에게 개별 문자 등을 보내는 의사표시는 정당하고 당연한 민주적 권리지만 어떤 경우에도 폭언이나 욕설, 인신공격을 구사하는 것은 비민주적인 해당 행위이자 선의를 갉아먹는 부적절함이 될 수 있습니다. 이에 대한 당 윤리위의 기준과 처리가 더 명료하고 신속해져야 합니다.

극소수 유튜버들의 상업주의도 극복해야 합니다. 유튜브 구독수를 높이기 위해 당내에서 자극적 정치선동을 일삼는 불순한 상업주의는 척결되어야 합니다. 당내에서 가짜뉴스를 유포하거나 근거 없는 좌표찍기 공격을 주도하거나, 심지어 자신의 경제적 이익을 꾀한다면 그토록 비난하는 극우 유튜버들과 무엇이 다르겠습니까? 당원과 지지자들의 집단지성으로 결국 극복될 것이라 믿지만, 불필요한 부작용을 최소화하기 위한 조치도 필요합니다.

저는 적어도 직업적 수익활동과 관련된 유튜버들이 당의 각종 위원회에 주요한 직책으로 참여하거나, 어떠한 형태로든 당과 계약관계를 갖는 것은 정리되어야 한다고 믿습니다. 건전한 언론이자 비판세력으로서 당에 고언하거나 자신의 분석력으로 영향력을 행사하는 것은 좋지만, 한편으로는 유튜브 수익을 얻고 한편으로는 당의 정치적 결정에 조직적으로 간여한다면 이익의 충돌이자 부도덕이 될 것입니다. 이 또한 지도부의 현명하고도 분명한 신속한 조치를 요망합니다.

결론은 이렇습니다. 그럼에도 불구하고 민주당은 이겨낼 것입니다. 이탈이 분란으로 가는 것을 막고, 검찰의 1차 시도가 2차 시도로 이어지는 것을 막고, 무능한 정부가 민생정책경쟁을 피해 사정정국으로 도피하려는 것을 막고, 민생·민생·민생 정국으로 민주당을 일으켜 세워 국민과 함께 뚜

벅뚜벅 걸어가 결국 총선에서 다시 제1당이 될 것을 저는 확신하고 확언합니다. 제가 사랑하는 민주당의 역사적 자부심과 저력, 대한민국 민주주의의 힘을 믿기 때문입니다.

역사는 반복되지만, 늘 두 번째는 첫 번째와 다릅니다. 검찰독재 시도는 군사독재 시절에 비하면 바람 빠진 풍선의 가소로운 일장춘몽으로 끝날 것이며, 민주당 분열 시도는 과거와 달리 신속하게 정리되고 해결될 것입니다.

결국 민주주의가 이기고 민주당이 이깁니다. 대한민국은 민주공화국이기 때문입니다. 행동하는 양심으로 조직화된 시민들의 민주주의가 무능한 욕심으로 가득한 주술적 검찰 독재를 부술 것입니다.

이제 모든 것 걸고 심기일전, 면모일신, 전력투구, 혼연일체, 일치단결만 하면 됩니다. 대한민국을 선진민주강국으로 도약시키는 일. 오늘의 싸움은 그 시작일 뿐입니다. 국민을 믿고 뭉쳐서 이겨냅시다.

페이스북(23. 02. 28.)

다시, 김민석

이재명 대표 체포동의안은
당론 부결이 옳다

이재명 대표 체포동의안에 대한 제 생각을 밝힙니다.

이 문제가 정치인 각자의 생각을 공개천명 또는 기명투표하는 게 맞는 정치적 판단과 소신의 문제라고 생각해왔기 때문이고, 지난 체포동의안 투표 이후 침묵의 장막투표가 당당하지 않다고 생각해온 때문이며, 선진의회의 기명투표 배경이라 보기 때문입니다.

저는 부결당론이 맞다고 봅니다. 역대급 최장기 표적수사에도 증거 하나 없고 도주와 증거인멸의 우려가 원천불가인 상황입니다. 검찰의 영장청구가 이처럼 근거박약한 부당한 정치행위이니 부결이 맞고, 당의 진로에 관한 어렵고 중대한 결정이니 중지를 모은 당론결정을 더더욱 회피하면 안 됩니다. 이 대표가 가결요청을 해야 당당하다는 의견도 있지만, 저는 만에 하나 이 대표가 가결요청을 했다 가정해도 가결투표를 할 마음이 나지 않았습니다. 옳지 않고, 내키지 않아서입니다. 병원에 누워 있는 이 대표의 입장을 요구하는 것이 제 판단의 필수적 전제라 보지도 않습니다. 헌법취지와의 충돌을 피해 열어준 비회기 영장청구의 기회를 저버리고 굳이 지연작전으로 회기 중 청구를 고집한 검찰의 정치공작에 순순히 따라줄 이유도 없습니다. 이 대표는 이미 당할 만큼 당했고, 응할 만큼 응했고, 검찰에 기회를 줄 만큼 줬습니다. 본질적으로 이번 투표는 이 대표의 판단이 아니라 저를 포함한 의원 각자의 판단을 묻는 겁니다.

영장청구가 옳은가 그른가? 검찰독재를 막을 것인가 용납할 것인가?

이것을 각자가 판단하는 것이 지금 주어진 질문입니다. 검찰독재에 거부하는 부결이 옳고 이견을 하나의 결론으로 녹이는 게 당당합니다. 당론부결의 파장은 전선의 유지와 강화로 극복될 것이지만, 가결은 당의 자해적 혼란을 낳을 것입니다. 친명 비명을 넘어 어려울수록 선명하고 민주적으로 결론을 내고 돌파하는 게 답입니다.

페이스북(23. 09. 19)

다시, 김민석

가결투표는 협잡

-체포동의안 가결 이후

흔들리지 않아야 합니다. 민생을 지키고 폭정을 막아야 합니다. 입당의 격려가 탈당의 질책을 넘었습니다. 탈당도 입당도 한마음임을 알기에 죄송하고 감사합니다. 당도 대표도 더 단단해질 것입니다. 당의 분열이 아닌 당 재정립의 시작이 될 것입니다. 책임을 묻고 규율을 세우는 것은 분열이 아닙니다.

결과는 협잡과 해당행위가 되었습니다. 방송에서 총 쏘고 의총에서 침묵하는 비겁과 대표 거취에 대한 거래를 얹은 구태가 모든 선의를 변색시켰습니다. 여당의 손을 빌려 야당 대표를 바꾸려 했다면 외세에 기댄 반란입니다. 탄핵이었다 강변하지만 그런 정치야말로 탄핵될 겁니다. 정치는 국민과 소통하고 자기 생각을 밝히는 겁니다. 그것을 피하면 정치가 아니라 생쥐가 됩니다. 당당함은 자기 생각과 선택을 천명하는 것입니다. 그러려고 노력하는 정치가 되었으면 합니다. 선의의 고민이었다면 돌팔매를 각오하고 밝혀야 이해받을 것입니다. 이재명 대표가 건강을 찾고, 재판에 이겨내는 것은 이재명 개인의 문제가 아닙니다.

함께하겠습니다.

모든 국민적 요구를 무시하는 권력과 지치지 않고 싸워야 합니다. 통과시킬 건 통과시키고 막을 건 막을 겁니다. 부적격 대법원장도 마음대로는 안 될 겁니다.

정신 바짝 차리고 열심히 하겠습니다.

페이스북(23. 09. 22)

다시, 김민석

원내대표 출마를 고민하며

어제부터 원내대표 출마를 권유받고 있습니다.

예상 밖의 분들도 있습니다.

전혀 생각 안 해본 일이어서 손사래를 쳤다가 오늘은 깊이 생각해보고 있습니다.

하고 싶은가? 잘 해낼 수 있는가? 해야 하는가?

세 가지 질문은 접어두고 '어떻게 해야 하는가?' 오직 한 가지 질문에 집중해보려 합니다.

'내가 하고 싶다'는 정치적 욕망을 출발점으로 삼을 만큼 한가한 평시가 아니다 싶고, 이런 난국에 '내가 잘 해낼 수 있다'는 자신감과 내공을 지닌 사람이 과연 있을까 싶고, '내가 해야만 한다'는 사명감 또한 위험한 착각이 될 것 같아서입니다.

산전수전 겪어보고, 큰 선거 치러보고, 안정적이고, 이 대표에 대한 애정이 깊고, 덜 치우친 편 아니냐는 여러 권유의 이유만으로 결심하기엔 두려울 만큼 엄청난 상황이며 개인의 정치를 넘어선 문제이기도 합니다.

하여 '당이 어느 방향으로 어떻게 가야 하는가'만 생각해보려 합니다. 방향감각 없는 출항으로는 풍랑을 헤쳐갈 수 없다고 보기 때문입니다. 생각이 정리되고 사명감까지 생기면 결심할 것이고, 사명감과 자신감이 안 따라주면 의견만 낼 것이고, 생각이 정리되지 않으면 고민한 내용들만 참고로 내놓겠습니다.

짧디짧은 결정기간을 앞두고 통상의 경우처럼 주변의 의견을 묻거나 당락과 유불리를 가늠하기보다는 이런 시간을 갖고 있다는 말씀으로 뜻밖의 권유를 해주신 분들께 대한 감사 말씀과 널리 상의 못 드리는 송구함에 대한 양해 부탁을 대신합니다.

출마여부를 어찌 결론 내든 당의 방향에 대해 전심전력 숙고하는 하루 남짓의 시간을 갖겠습니다.

나아가건 아니건 고민한 방향과 내용을 말씀드려 당인의 도리를 하겠습니다.

저는 민주당을 제 몸처럼 사랑합니다.

이재명 대표의 강인함도 믿습니다.

당도 대표도 이번 풍랑을 이겨낼 겁니다.

페이스북(23. 09. 23)

다시, 김민석

원내대표 출마선언

김민석 의원입니다.

더불어민주당 원내대표에 출마하겠습니다.

민주주의, 민생, 평화의 위기입니다. 민주당도 위기입니다. 윤석열 검찰 독재의 무능한 폭정과 야당분열 공작 때문입니다. 폭정을 막고 민생을 살리고 이재명 대표를 지키고 선명하고 강력한 민주당을 재정립해야 합니다. 저의 경험, 전략, 정책, 돌파력으로 민주당을 묵직하고 날카로운 칼로 되살리겠습니다. 원칙을 확고히 지키되 지혜롭고 신속하게 당을 안정시켜 강서 승리를 이루고 총선승리의 길을 열겠습니다.

저는 민주당을 제 몸처럼 사랑합니다.

어려움 많았던 정치행로를 걸어오며 국민과 당원을 두려워하는 것이 정치의 근본임을 온몸으로 배웠습니다. 부족함이 많지만 어려운 시기라 제 쓰임이 있으리라 믿습니다. 전심전력을 다하겠습니다.

어려운 시기가 아니면 나서지 않았을 겁니다. 어려우니까 김민석입니다.

강하고 선명하게 당과 대표를 지키겠습니다. 폭정을 막고 민생을 살리겠습니다.

의원 여러분과 당원, 국민 여러분의 관심과 격려를 부탁드립니다.

갑작스러운 선거라 의원님들과 두루 미리 상의 못 드려 죄송합니다.

곧 친전으로 자세한 말씀 전하겠습니다.

감사합니다.

기자회견(23. 09. 24)

다시, 김민석

비대위는 없다는 것을
명확히 합시다

원내대표 경선에 등록한 네 분의 후보들에게 다음과 같은 내용과 함께 오늘 중이라도 함께 만나 뵐 것을 제안합니다.

첫째, 출마의 이유와 변을 명확히 해주시기를 요청드립니다. 현재 제가 알기로는, 후보자들 가운데 어떤 형식으로든 국민과 당, 그리고 의원들 앞에 명료한 출마 이유와 변을 밝히지 않은 분들이 계십니다. 지금까지 우리 민주당을 망쳐온 주요한 원인 중 하나가 침묵의 '장막 정치'였습니다. 정치는 투명하고 당당해야 합니다. 이번 원내대표 경선에 참여한 후보들이 출마 이유와 변을 공개적으로, 당당하게, 투명하게 밝히는 것을 기본자세로 해야 한다고 봅니다.

둘째, 이재명 당대표에 대한 구속영장의 기각을 공동으로 재판부에 요청하기를 바랍니다. 증거인멸과 도주의 우려가 제로이고, 그간의 엄청난 압수수색과 표적수사를 볼 때 절대적으로 방어권이 필요합니다. 또 불구속 수사가 원칙이라는 점에서 구속영장의 기각을 공동으로 요청하는 것은 당연하고, 필요하고, 의미 있는 일이라고 봅니다.

셋째, 이재명 당대표 중심으로 총선거를 치른다는 원칙을 명확하게 공동 천명하기를 요청드립니다. 어떠한 경우건 이번 총선을 앞두고 '비대위는 없다'는 것을 공동으로 천명하기를 제안드립니다. 이재명 당대표 중심으로 선거를 치르는 것이 민주주의를 지키고, 민주당을 지키고, 총선에 승리하고, 정권의 비열한 야당 분열 공작에 맞서는 길이라는 게 당원들과 지지자들의 명료한 판단이기 때문입니다.

넷째, 이번에 가결 표를 주도하시고, 또 이번 과정에서 사실상 이재명 당대표에 대한 사퇴 의도를 가졌던 책임자들의 정치적 책임은 불가피하다고 보입니다. 이번 더불어민주당 원내대표 경선은 사실상 당론으로서의 부결을 선택했던 후보자들 네 사람의 선의의 경쟁이고 선의의 선택입니다. 따라서, 원내대표 선거에서 개인적 당선을 위해서 어떠한 형태로도 가결을 주도하신 분들과 정치적인 거래는 없어야 한다는 것을 명확히 함께 천명하기를 요청드립니다.

다섯째, 최종적으로 후보가 네 분으로 마무리되는 과정에서 이재명 당대표의 구속을 전제로 하는 비대위의 구성을 사실상 후보등록이나 출마의 전제로 보는 일부 기류가 혼선을 준 것이 아닌가 하는 우려와 유감이 있습니다. 이번 원내대표 선거는 현재 이재명 당대표 중심 체제를 지킬 원내대표를 선택하는 것이지, 이재명 당대표를 대체할 원내대표를 선택하는 것이 아니다, 하는 말씀을 드립니다.

끝으로, 침묵 선거는 안 됩니다. 현재 후보가 등록되고 네 분의 후보가 경합하고 경쟁하고 결정되는 모든 과정에서, 출마의 변부터 시작하여 투명하고 당당한 과정이 전제되어야 한다고 봅니다. 저는 오늘 언제든 네 분의 후보가 만나기를 요청드립니다.

감사합니다.

기자회견, 페이스북(23. 09. 25)

원내대표 경선 비공개 연설문

솔직하게 말씀드리겠습니다.

가결투표의 고심을 이해합니다. 하지만 결과에는 모두 놀라지 않으셨습니까? "결과는 협잡이 되었다." 원만한 스타일인 제 평생 사용한 가장 격한 언어였습니다.

왜?

생각이 달라도 그런 결과만큼은 피하는 것, 그것은 원칙의 문제였다고 봤기 때문입니다.

내전과 인민재판으로 갈 수는 없습니다. 투표를 어찌 색출하겠습니까? 견제, 입법, 어쩌면 장관 탄핵도 해야 될지 모르는데, 130 부결표만으로 당을 운영할 수도 없고, 부결표라고 왜 여러 고민이 없었겠습니까? 원칙을 지키면서도 과반대오를 안정시킬 지혜 또한 필요합니다.

그러나 탄핵발언, 대표 거취를 연동시키는 것, 이런 것은 정말 문제라고 봅니다. 절제가 없으면 그게 정당이겠습니까? 그만하셨으면 좋겠습니다. 평가는 결국 지역구민과 당원, 그리고 국민의 몫입니다. 이해찬 대표 때 확정된 시스템 공천대로 하면 됩니다.

거센 풍랑이 올 겁니다. 이재명 대표 중심의 지도체제를 흔들면 더 큰 분란만 있을 뿐입니다. 신동근 의원님의 제안 같은 여러 지혜를 보완해 가면 됩니다. 총체적 결과 책임을 지신 박광온 대표님, 충정으로 사퇴하신 우원식 의원님, 감사하고 죄송합니다. 그런 마음을 다 받아 안겠습니다.

10여 년 전 선출직 최고위원도 해봤지만, 이번 임기에 당내 선거의 욕망이 별로 없었습니다.

전대 때는 드릴 말씀이 있어 나왔습니다. 산전수전 어려움을 겪으면서 하나님과 국민을 두렵고 감사하게 생각하게 됐고, 가급적 새벽 기도를 하고, 술자리도 즐기지 않습니다. 대화 한번 제대로 못 해 본 의원님들께 죄송합니다. 전면적 소통을 시작해 한 분 한 분 진지하게 대화하겠습니다.

당에서는 저 같은 사람이 쓰일 때가 있습니다. 위기의 때입니다.

공천을 해보고, 공천에서 배제되어 아파보고, 그룹정치는 안 하고, 비교적 객관적 일 중심으로 판단합니다. 큰 선거를 여러 번 총괄해보고, 전략·정책·정무·메시지, 대중연설을 비교적 하는 편입니다. 말실수 크게 안 하고, 싸울 땐 전투력 있게 싸우고, 검찰에 당해봤고, 이재명 대표를 정말 대통령 한번 만들어보고 싶다는 각오가 있습니다.

이 최대의 위기에 김민석만한 원내대표, 2등 항해사 찾기 어렵습니다.

2002년 국민경선과 단일화를 만들 때부터 여러 번의 지선, 총선, 대선에서 책임을 맡고 결과를 만들었습니다.

제 역량은 아시지 않습니까? 대풍랑 앞에서 이번만큼은 역량을 보고 선택해주시기 바랍니다. 이재명 체제에서 원내대표로 가장 지혜롭고 전략적으로 싸우며 당을 안정시키고 총선승리를 일굴 사람. 위기를 돌파할 전략가 김민석에게 압도적으로 힘을 모아주십시오.

감사합니다.

제21대 국회 제4기 원내대표 경선 비공개 연설(23. 09. 26)

3장

정치인 김민석

결국 정치는 메시지입니다.
이어지는 글들은 그때 그때의 주요한 정치현안에 대해 제 입장을 밝힌 말과 글들입니다.

온국민평생장학금 도입으로
헌법31조 시대를 열자

학이시습지, 불역열호? 유붕자원방래 불역락호?

(늘) 배우고 익히는 것이야말로 기쁨 아닌가?
(떨어져 있던) 벗과 함께하는 것이야말로 행복 아닌가?

행동하는 양심.
깨어 있는 시민의 조직된 힘.

평생 배우고 익히는 삶.

이웃과 어우러지는 품격 있는 삶.

공자가 『논어』의 첫머리에 삶의 기쁨과 가치의 으뜸으로 세운 기준이다.

어떻게 살 것인가?

평생을 행복하게 살아갈 방법은 무엇인가?

2500년 전 공자에 이어 2500년 후 우리가 던지는 질문이다.

문명대전환의 시대는 누구나 스스로 미래를 설계하고 실현할 역량을 요구한다. 초고령화사회 또한 과거와 전혀 다른 인생주기별 역량을 요구한다. 역량의 양극화는 미래의 양극화이다.

답은 평생학습, 평생교육이다.

국민 모두를 위한 평생교육 또는 학습체제가 만들어져야

우리가 바라는 행복사회와 그를 위한 사회적 연대가 이루어진다.

김대중과 노무현이 민주주의의 가장 확실한 보장수단으로 짚어낸

시민의 각성은 시민 모두의 평생학습과 실천의 산물이다.

민주연구원장 시절부터 연구해온 포용국가론의 결론이기도 하다.

평생학습·평생교육체제의 핵심정책수단으로

온국민평생장학금 도입을 제안한다.

<u>1</u> [보편적 시민권] 평생학습은 평생교육의 중요성을 유례없이 강조한 대한민국 헌법과 법률에 따라 국가가 보장해야 할 국민 모두의 보편적인 권리 즉 시민권이다. 대한민국의 평생교육이 꾸준히 성장해온 가운데, 최근 (2020.9.1) 국회 예결위에서의 관련질의(김민석 의원)에 대한 답변에서도 유은혜 사회부총리겸 교육부장관은 이러한 '권리의 보편성'을 재확인한 바 있다. 평생교육 활성화는 문재인 정부의 국정과제이기도 하다.

- 대한민국 임시정부 건국강령(1941)과 제헌헌법(1948)의 사상적 토대가 된 삼균주의는 정치, 경제, 교육의 평등을 강조.
- 헌법 31조: 모든 국민이 '능력에 따라 균등하게 교육받을 권리'를 가지고 '자녀에게 법률이 정하는 교육을 받게 할 의무'를 가지며, 국가는 '평생교육을 진흥'하여야 한다.
- 교육기본법 3조: 모든 국민이 '평생에 걸쳐 학습하고, 능력과 적성에 따라 교육받을 권리'를 가진다.
- 평생교육법 4조: 모든 국민이 '평생교육의 기회를 균등하게 보장'받는다.

2 **[내용과 지향의 포괄성]** 평생교육은 단지 재취업을 위한 기술습득이나 여가선용을 위한 취미활동을 위해서만이 아니라 문자해득·직업능력·인문교양·시민참여 등 전방위적 학습을 통해 누구나 전 생애에 걸쳐 일할 수 있는 은퇴 없는 사회, 모두에게 가치 있고 품격 있는 삶의 보장과 사회적 연대를 지향한다. (평생교육법 1장 2조)

3 **[국가의 성격변화와 뉴 스터디]** 문명이 급변하는 현 시대에는 모두가 지식약자가 될 위험 앞에 노출되어 있다. 20~30대 직장인 중 70% 이상이 직무 전환을 희망한다는 최근 조사결과는 평생직장 개념이 더 이상 유효하지 않다는 반증이다. 이제 국가의 본질은 지식정보화·초고령화·자동화·인공지능화 등 문명의 변화에 따라 경찰국가, 발전국가, 계도국가를 넘어 학습국가, 전략국가(코치coach, 너지nudge), 행복국가로 진화하고 있다. 초고령화사회의 인간은 배우면서 살고, 배워야 살고, 배우는 게 삶 자체이다. 바야흐로 노년의 삶에 가장 중요한 복지가 평생교육인 시대가 오고 있다.

다시, 김민석

21세기의 신문명사회에서는 공자가 꿈꾸던 품격 있는 학습공동체, 테스 형으로 불리는 소크라테스 이후 인류가 꿈꾸고 실험해오던 철학적 학습공동체가 전 인류적 꿈과 일상이 될 것이다. 따라서 마을과 국가 모두, 구성원들에게 먹고사는 능력과 품격 있게 사는 소양을 익힐 수 있는 환경 조성이 의무가 된 것이다. 생활정치로 발전한 정치의 과제가 국민에게 생활학습의 제공을 통한 생활품격의 보장으로 발전한 것이다. 최근 문명의 급변과 코로나19 확산을 계기로 추진되고 있는 한국형 뉴딜에서 '뉴딜'의 본질은 뉴스터디(New Study)이기도 하다. 디지털 사회는 국민의 디지털역량혁신을 통해, 그린 사회는 국민의 그린의식혁명을 통해서만 궁극적으로 담보되며, 그 공통분모는 국민의 자발적 학습이기 때문이다.

<u>4</u> **[현황과 문제점]** 현행 평생교육은 연관업무가 교육부(사무 관장), 행정안전부(주민자치센터), 문화체육관광부(도서관), 고용노동부(직업교육), 나아가 산업통상자원부 및 중소벤처기업부(기업교육), 국방부(군인교육), 법무부(재소자교육), 여성가족부(여성교육), 보건복지부(장애인, 노인교육), 농림축산부(농민교육, 귀농교육), 통일부(북한이탈주민) 및 각 기초지자체(주민자치, 평생학습관) 등으로 분산되어 유기적 연계성을 갖추지 못하고 있는 거버넌스의 문제, 그에 따른 예산중복 문제, 취미와 교양 및 상대적으로 평이한 재취업교육에 한정된 내용과 수준 문제, 상대적으로 소득과 학력이 높은 층에 편중되어 취약계층은 소외된 양극화 문제, 다양한 경험과 능력을 갖춘 이들로 하여금 다양한 평생교육콘텐츠를 제공할 수 있도록 공급측면 규제를 푸는 한편 일정한 평생교육프로그램을 이수한 이들에게는 적정한 학력을 인증할 수 있게 해주는 규제혁신 문제(='전국민의 학생화, 전국민의 교사화'), 재직 중 평

생교육을 병행할 수 있게 해주는 학습여건보장(학습시간, 학습휴가 등) 문제, 교육예산의 1% 수준인 현행 평생교육예산을 장기적이고 국가전략적인 관점에서 대대적으로 확충해야 하는 예산 문제, 교육에 관한 보편적 시민권을 명시한 헌법 및 법률의 정신과 달리 교육부의 현행 평생교육바우처사업이 취약계층 일부에게 국한된 선별성 문제 (평생교육바우처예산은 2020년 현재 1인당 35만 원×8천 명으로 교육부 예산의 약 0.06%. 지원대상자는 2019년 현재 전체기초생활수급자 및 차상위계층 약 302만 명의 0.17%), 국가와 국민 모두 평생교육을 보편적 시민권으로 인식하지 못하는 인식제약 문제 등 다양한 문제점을 안은 채 OECD 평균의 절반 수준 참여에 그치며 제도권 교육의 잔여적 영역에 머물고 있다. 온국민평생장학금 시범사업을 한다 해도 초기의 실제 학습참여율은 30% 정도를 못 넘길 가능성이 높다. 이처럼 참여율을 점진적으로 높이는 것도 과제이다.

5 [온국민평생장학금의 제도적 얼개] 이에 헌법과 법률이 보장하는 보편적 시민권으로서의 평생교육을 실질화하기 위한 온국민평생장학금 (People's Lifelong Scholarship.PLS.) 도입을 제안한다. 온국민평생장학금은, 1) 국민 누구든 일정액의 평생학습비용을 국가 및 지방정부로부터 바우처나 인출계좌, 또는 소멸성 지역화폐 형식으로 받아, 2) 자기 평생 중 언제든 원하는 시기에 원하는 내용 및 기간의 교육프로그램을, 3) 일정한 인증을 거친 교육기관이나 개인 중 원하는 기관 및 개인으로부터 제공받도록 하는 새로운 평생학습 플랫폼이자 라이프 플랫폼(Life platform)이다. 싱가포르는 이미 스킬스 퓨처 무브먼트(skills future movement)라는 이름으로 전 국민 1인당 42만 원 크레디트의 평생교육 수강권을 제공해 3시간짜리 컴퓨터 수업

부터 5년짜리 법학사 과정까지 다 들을 수 있게 하고, 담당 장관을 신설하는 등 새로운 실험을 시작하였다. 4) 온국민평생장학금은 교육비 목적으로만 사용될 수 있고, 타인에게 양도가 불가능하다. 5) 교육과정의 일정한도(가령 70% 이상)를 미이수할 경우, 차기 온국민평생장학금 대상에서 제한하는 등 무책임한 신청 및 중도포기 제한장치를 둔다. 6) 온국민평생장학금의 액수는 '1년에 한해 연간 35만 원(현행 평생교육바우처 수준)' 정도의 시범사업으로 시작하여, '1년 사용한도 50만 원에 평생 총액 500만 원' 수준을 거쳐 궁극적으로 10년~30년 후인 2020년~2050년까지는 '1년 사용한도 70만 원에 총액 1,000만 원'식으로 설정해갈 수 있다. 참고로 스웨덴은 현재 1인당 성인교육에 180만 원의 예산을 배정하고 있다. 평생장학금 지급방식은 '일정 한도로 매년 지급 방식', '평생 총액한도를 두고 생애주기 중 일정 시기(가령 25세, 40세, 60세 등 생애주기 전환기)에 분산 지급방식' 등 다양화된 프로그램 변용이 가능할 것이다.

6 [온국민평생장학금의 의의] 온국민평생장학금(=보편적 평생학습계좌)은 국민연금·건강보험·고용보험처럼 장기간에 걸쳐 완성되어갈 새로운 21세기형 복지제도이자, 세계적으로 논의는 무성하되 실현은 쉽지 않은 기본소득의 가장 현실적인 한국적 대안 즉 한국형 기본소득(=기본학비)이다. 대한민국 헌법과 법률의 정신, 나아가 교육입국의 역사적 경험과 교육중시의 국민정서는 보수와 진보를 넘어 보편적 기본소득 성격(무조건성 또는 자발적 학습이라는 최소조건성, 정기성, 현금성, 보편성)을 지닌 온국민평생장학금에 대한 높은 정책수용성의 기반이 될 것이다. 온국민평생장학금은 전면적 평생학습체제 구축의 기폭제가 되어 혁신적 포용국가라는 국가목표를 실현할 핵

심정책수단이다.

(문재인정부의 혁신적 포용·국가론은 교육, 그중에서도 평생교육금리·평생학습을 고용-복지 선순환의 핵심고리로 보고 있다.) 포용국가란 본질적으로는 국가와 시민사회가 함께 사람을 키우고 보호하는 나라, 즉 사람 중심의 사람투자국가이다. 온국민평생장학금은 불확실성과 불안의 시대에 국가가 국민 개개인의 인생설계에 대한 확실한 지원을 통해, 국민 삶의 가치실현 지원이라는 새롭고 본질적인 국가책무를 실현하는 방도이기도 하다.

결국 능동적 평생학습을 통해 사람(시민, 국민)이 바뀌어야 디지털 혁명도, 그린 혁명도, 코로나19 같은 감염병의 극복과 원천적 예방도 가능할 것이다. 이에 현 단계에서는 보편적 평생학습 실현의 현실적 경로인 온국민평생장학금 도입에 대한 원칙적인 국민적 합의도출과 함께 지혜롭고 선도적인 시범사업 실시, 단계적·장기적·체계적 확대를 위한 로드맵 수립과 연구가 필요하다. 현실적으로 온국민평생장학금을 도입하는 경로는 현행 평생교육바우처의 대상과 재원을 확대해가는 방식이 가장 적절하다. 온국민평생장학금제도는 건강보험-전국민고용보험-국민연금-주민자치회도입 등과 함께 일-학습-건강-생활-자치의 '기본보장 5축' 실현을 통한 21세기형 복지의 기둥이 될 것이다.

__7__ [제도권교육 혁신의 촉매] 사교육비 부담, 과도한 경쟁과 부실한 내용을 초래하는 입시제도 등을 문제로 안고 있는 학령기 제도권 교육은 대한민국의 최대문제인 동시에 대한민국의 오늘을 있게 한 동력이었다. 소프트웨어(교육내용과 커리큘럼), 하드웨어(교육시설과 환경), 시스템(입시제도 개선, 고교학점제 등) 등 다양한 측면의 개선이 꾸준히 시도되어왔고, 막상 채용시장(대

기업 등)에서는 학벌보다 실력을 중시하는 흐름이 확산되고 있음에도 제도권 교육의 혁신은 답답한 병목현상을 좀체 벗어나지 못해왔다. 코로나19로 인해 논의는 있으나 실현은 요원했던 원격디지털 교육이 급진전하는 것처럼, 평생학습의 발전은 전 인격적 시민교육, 실질적 역량교육, 폭넓은 융합교육, 자기주도적 학습설계 등에 대한 전 사회적 인식변화를 통해 간접적으로 학령기 제도권 교육의 혁신을 압박하고 앞당기는 혁신촉매효과를 가져올 것이다. 제도권 교육 내부로부터의 총체적 혁신과 평생학습의 획기적 진전을 통한 외부로부터의 변화가 체계적으로 결합되면 향후 10년 후 한국사회의 학령기 교육 및 학습 풍토는 비로소 진정한 혁신의 모습을 갖출 것이다.

8 [온국민평생장학금 추진위원회] 이상과 같은 취지로 김민석 국회의원이 국회 예결위질의(20.9.1)에서 온국민평생장학금 문제를 제기한 이후, 김민석 의원의 제안으로 김민석, 강득구 국회의원, 박승원 광명시장, 황명선 논산시장, 채현일 영등포구청장, 서철모 화성시장 등이 회의를 열고(20.9.9), 위 제안에 대한 원칙적 공감을 토대로 '헌법31조시대를 여는 온국민평생장학금 추진모임(약칭: 평생장학금모임)'을 구성했다. '온국민평생장학금모임'은 1) 토론회, 공청회 등을 통한 대국민 홍보와 확산, 2) 중앙 및 광역지방정부에 대한 법과 조례 제개정 및 재정지원과 심층연구 요청, 3) 4개 기초 지자체부터 자체재정으로라도 온국민평생장학금 시범사업 우선시행, 4) 뜻을 함께하는 각종 단체·개인과의 연대 및 조직 확대 등을 위해 공동노력하기로 했다. 이번 토론회는 그 첫 사업이며 토론회 이후 새로이 참여한 전문가 등을 결합해 정식으로 온국민평생장학금 추진위원회(대표 김민석, 간사 강득구) 구성을 결의하였다.

<u>9</u> **[세부과제]** 온국민평생장학금 추진위원회와 약자의 눈(국회의원연구단체)은 다음과 같은 연구 및 실천과제를 제기하고 하나하나 풀어가고자 한다.

1) [거버넌스] 고용노동부의 국민내일배움카드(취약계층 일부에 대해 수업료 차감 형식으로 직업능력개발비 지원. 연차적 확대) 및 전직지원제도(50대 이상을 대상으로 대기업부터 시행), 교육부의 평생교육바우처, 여가부·복지부·법무부·국방부 등의 각종 교육지원 등 본질적으로 유사한 사업을 어떻게 중복성 없이 유기적으로 연계시켜 갈 것인가에 대한 장기적 비전과 원칙, 나아가 중앙정부-지자체-교육청을 포괄하는 평생교육 거버넌스에 대한 범부처적 토론과 합의가 필요하다. (평생교육진흥위원회 및 국가교육 회의의 전망과 역할 포함)

2) [평생교육바우처 재정립] 교육부 주관으로 국가평생교육진흥원에서 운영하는 평생교육바우처 사업을 본질적으로 취약계층에 대한 선별적 지원사업이 아닌 온 국민에 대한 보편적 지원사업으로 재정립하고 이를 점진적으로 실현하기 위한 시범사업 실시가 필요하다. 이는 교육부장관 훈령의 적절한 시정을 통해서 가능할 것이다. 보편적 확대를 위한 시범사업 1차대상으로는 평생교육도시로 지정된 지자체의 특정 시범동 거주민 전체, 소득과 무관하게 5060세대의 일부(선착순 신청 또는 추첨), 고용보험에 미가입된 성인 중 일부 등 다양하고 유기적으로 연계된 그룹타깃팅이 필요하다.

3) [평생교육바우처 재정수단] 평생교육바우처 사업을 소득과 연령의 구별 없이 확대해가기 위한 중장기적 재원조달방안으로서 교육부나 행안

부 소관의 기금신설(또는 적절한 연관기금의 연계 및 전용), 예산확대 또는 온국민 평생장학재단신설(및 현 한국장학재단 확대) 방안의 연구와 실행이 필요하다.

4) [평생교육바우처 재정전망] 온국민평생장학금을 바우처나 소멸성 지역화폐 및 수업료 차감 등으로 지원할 경우 소요되는 연간 및 중장기적 실제 (현금성) 재정규모 등에 대한 다양한 시뮬레이션과 연구가 필요하다. (20세 이상 4,300만 명에게 연간 1인당 35만 원 지급시 연 15조 원. 실제로는 약 70% 참여로 연 10.5조 소요가 예측가능한 최대치. 이 정도면 현 고등교육부문 예산소요와 비슷한 국가예산 2.6%. 현실의 매년 재정소요는 이보다 훨씬 적을 것)

5) [평생교육 관련 규제혁신] 비학위목적의 성인교육을 대학의 평생교육원 이외의 일반 학과에서도 야간 또는 온라인으로 수강하는 것을 허용하고, 다양한 기능과 실전경험 및 노하우를 갖춘 모든 이들에게 일정한 인증을 거쳐 평생교육의 제공자 자격을 주며 학점은행 폭을 넓히는 평생교육 규제혁신이 필요하다. 현행 평생교육사의 역량은 심화하고 폭은 넓히며, 현장배치는 지원하고 활동여건은 개선하는 방안의 연구도 필요하다.

6) [전직교육지원 강화] 고령자고용법에 의한 고용노동부의 재취업지원교육을 실질적으로 의무화(기업의 교육재원부담을 명시하고 위반시 징벌, 전직교육비용에 세제혜택 등 인센티브를 도입해야. 참고로 독일은 약 90%의 기업에서 전직지원서비스를 제공하고, 프랑스는 기업부담으로 모든 피고용인에게 전직훈련과 문화생활 등을 위한 유급교육휴가권을 부여. 우리나라에서도 평생교육법 제8조에 규정된 '국가·지방자치단체와 공공기관의 학습휴가와 학습비 지원'을 다른 민간부문으로 확산시켜가야)하고 대

상층과 연령을 확대(현재 대기업의 50대 이상에 국한. 앞으로 대기업 외의 기업에서도 입사 후 일정 기간 후 평생학습 참여와 유급학습휴가 보장 등)하기 위한 조치가 필요하다.

7) [평생교육기관] 대학·전문대·방송대·폴리텍 대학 등 교육기관 간의, 그리고 주민자치센터·도서관·박물관·복지관·평생학습관·청소년수련관·문화원·학교 등 다양한 지역기관 간의 평생교육에 있어서의 역할심화 및 조정에 대한 연구와 점진적 조정이 필요하다. 국가-시도-시군구-읍면동을 잇는 유기적 관리제도를 갖춰 학습설계상담과 교육이수상황 모니터링도 가능해져야 한다. (전국 1400개 평생교육기관을 국가평생교육진흥원이 모니터링하는 현재 방식보다 더 촘촘하고 분산된 시스템 필요)

8) [기초주민자치] 장기적으로 기초자치단체를 평생교육의 기본적인 일선전달채널로 하여 평생교육에 의한 주민역량향상을 주민자치회의 주요과제로, 주민자치센터는 평생학습센터로 발전시켜가는 원칙을 정립하고 그 실현을 위한 연차계획이 필요하다.

9) [평생교육공간] 신축 아닌 기존 공간활용(학교, 대학, 공공시설, 종교문화시설 등) 방식에 의한 평생교육공간 마련 방안이 필요하다.

10) [민간평생교육] 평생교육법인 제도 도입 등(입법사항) 투명한 평생교육 민간공급자 시장 형성 방안의 연구와 체계적 실행이 필요하다.

11) [재취업연계] 평생교육체제의 필수적 상응체제인 도제(현장실습 fieldwork) 및 취업연계 시스템의 보강이 필요하다.

12) [평생교육예산] 현재 교육부 예산의 1% 미만인 평생교육예산을 향후 10년 내('평생교육 2030')에 교육부예산의 10%로 10배가한다는 재정목표와 연차계획을 수립하여야 한다. 광복100주년이자 포용국가 완성목표시기인 2045년까지는 평생교육의 비중과 예산(가령 교육부 예산의 20% 수준)이 훨씬 높아져야 할 것이다. 향후 저출산·초고령화의 진행에 따라 초·중·고·대 등 기존 제도권 학령인구의 감소와 기존 제도권 교육기관의 구조조정 및 교육부 자체의 업무영역 조정이 필연적으로 진행될 것이므로 이러한 목표와 전망은 점점 가시적 설득력을 갖게 될 것이다. 국가비전과 전략은 반드시 이러한 인구학적 변동을 기초로 장기적 전망하에 수립되어야 한다.

13) [정치사회교육] 민주시민교육, 정당 및 선관위에서 진행되는 정치교육, 환경교육, 세계시민교육 등 깊이 있는 정치사회적 시민교육이 평생교육의 질을 높이는 필수불가결한 핵심요소임을 깊이 인식하고 최대한의 비정파적 객관성을 유지하며 이를 평생교육과 결합시킬 방도를 강구하여야 한다.

14) [콘텐츠의 고급화와 디지털화] 우리 사회의 원로, 제도권교육에 흡수되어 있지 않은 소장지식층, 글로벌한 해외인력 등 다양한 평생학습 교사진과 수준 높은 콘텐츠를 확보하고, 이를 디지털 시대에 맞게 프로그램화(특히 기존 EBS, 방송대 및 한국판 교육넷플릭스와 K-mooc 논의 등 적극 활용)할 방안을 모색하여야 한다. 특히 이를 통해 교육의 디지털화와 고급화, 무상화가 진

전되면, 온국민장학금의 수요와 규모 및 소요비용 자체가 점진적으로 감소될 수도 있다. 지역별 평생학습 디지털센터의 설립도 적극 추진되어야 한다.

15) [법제도 정비와 시범사업] 이상 과제의 연구 및 실행을 위해 국회와 중앙정부 및 광역지방정부의 법적(각종 법과 조례 제개정. 가령 노인복지법에 노인 교육 관련사항 명시 등)·재정적·정치적 노력을 강력히 요청하며 국책연구기관 등 관련연구기관의 연구를 제안하는 한편, 추진위원회에 속한 기초지자체부터 온국민평생장학금 시범사업을 선도적으로 실시한다. 특히 화성은 사실상 온국민평생장학금 사업의 지역판 선도사업 시행준비를 상당 정도 진척시킨 상태(2021년 7월부터 65세 이상에게 연 30만 원 교육바우처+이동비를 제공하고, 건평 7000평의 평생대학 개관)이므로 이 사업을 적극 지원·홍보·연구할 필요가 있다.

16) [교육부의 시범사업 지원] 교육부는 2021년 지자체형 평생교육 2.0 공모사업(5억, 10개 지역) 가운데 최소 2개 이상의 지역에서 보편적 평생교육 바우처 시범사업을 지원할 것을 강력히 제안한다.

17) [국민공감대 조성] 온국민평생장학금 추진에 대한 범국민적 지지와 동력의 마련을 위해 적극적인 국민적 논의(홍보, 공청회, 지역순회 토론회 등)를 조직한다.

18) [신문명 학습사회와 학습경제] '온국민평생장학금/평생장학체제' 구축은, 생산자와 소비자의 경계가 허물어지는 프로슈머시대의 도래라는

다시, 김민석

문명적 변화가 학습분야에 적용되는 것이기도 하다. 모든 사회구성원이 학습의 생산자(제공자=교사)이자 소비자(수혜자=학생)가 되기 때문이다.(Edu-prosumer). 이는 학습을 매개로 상당한 생산과 소비 및 교환과 유통이 이루어지는 학습경제(Edu-conomy)라고 부를 만한 신경제영역의 출현이자, '모두가 품격 있는 학습자'가 되는 '선비들의 공동체'라는 한민족 역사의 이상형을 구현하는 것이기도 하다. 이런 각도에서 장기적인 문명사적 연구 또한 요구된다.

19) [당면 제도개선] 본 토론회의 후속사업으로 시급한 법·조례 등 제도개선 관련 토론회·공청회를 실시한다.

20) [K뉴딜과의 결합] 포스트 코로나의 대안으로 추진되고 있는 K뉴딜의 사회적 뉴딜 핵심과제로 온국민평생장학금 도입을 제기하고 추진하여야 한다.

이상의 과제 수행을 위해 본 토론회를 계기로 정식 출범하는 온국민평생장학금 추진위원회는 여야 정치권, 지자체, 정부, 학계, 시민사회의 포괄적, 거국적 공감과 동참을 유도하여 온국민평생장학금의 도입과 완성이 향후 범국민적 과제가 되도록 할 것이다.

오늘 시작된 온국민평생장학금 논의가 K-평생교육, K-평생학습, 나아가 K-시민사회의 역사에 큰 획을 긋게 되기를 바란다.

온국민평생장학금 도입과 헌법31조 시대 발제문(20. 09. 20)

국민에 의한
민주적 검찰통제를 실현합시다

국민에 의한 민주적 검찰통제! 수사권 즉각 분리 이후 국민적 합의로 수사권 재편, 지방검사장 직선제 도입과 서초동 검찰청 이전으로 나아갑시다.

민생이 우선이지만 검찰개혁이 여전히 화두입니다. 성찰과 대안, 행동이 필요한 시간입니다.

천국의 열쇠로 여겨졌던 공수처는 한계를 드러냈고 검수완박이 제기되었지만 대안은 만족스럽지 않습니다. 검사들로 구성될 중수청이 현재와 어떻게 다를지, 수사권 박탈로 생기는 수사공백은 정당한지, 경찰에 수사권이란 생선을 다 맡기는 것이 옳은지, 문재인 정부의 검찰개혁은 최선이었는지 솔직히 되짚어야 합니다.

다시, 김민석

반성의 대목이 많음에도 검찰개혁과 검수완박의 요구가 거센 것은 어떤 사안에는 토끼로, 어떤 사안에는 거북이로 돌변해 수사의 일관성과 결별한 검찰의 자업자득입니다. 주권자인 국민보다 검찰조직에 더 충성할 듯한 새 대통령의 자세도, 지금 아니면 국민고통의 검찰공화국을 막을 수 없다는 국민 상당수의 절박한 경계심도 당연합니다.

사실 국회가 초당적으로 검찰권 견제를 외치는 날이 오지 않으리라 누가 자신하겠습니까? 5년 전 국회의 탄핵결정이 예상 외의 초당적 선택이었듯 검찰이 최고권부라는 망상 위에 균형 맞추기식 정치사정의 유혹을 현실로 내딛는 순간 반검찰 정서는 진영을 넘을 것입니다.

민주당의 성찰점은 또 있습니다. 검찰개혁과 함께 법원개혁의 일환으로 강조되었던 판사탄핵은 과연 정확한 타산 위에 행해졌던지, 부정확한 검찰개혁 반대의원 명단에 지목된 의원들이 '나는 아니오'를 고해해야 하는 상황이 과연 바람직한 정당민주주의로 이어질지, 혹 오늘 결심할 검찰개혁은 어제의 부동산 정책처럼 내일 또다른 조급한 선의의 실패가 되지 않을지 자문하고 또 자문해야 합니다.

지방선거 전략이든 검찰개혁 전략이든 대선평가에 기초한 종합전략 없는 사안별 해법은 단편은 근사하나 종합편은 어설픈 '구성의 오류'로 갈지 모른다는 우려가 제가 여러 차례 의원 전원 종합끝장 공개토론을 제기했던 이유였습니다.

18년 만에 복귀한 초선의 자세로 언행을 삼가왔지만 대선패배 이후 각자 솔직히 의견과 고민을 드러내는 것조차 애당심이 아닐까 하여 입을 연 참에, 당면한 검찰개혁 문제에 의견을 밝힙니다.

첫째, 민주당은 그간의 검찰·사법개혁 과정과 성과가 부족했음을, 입법적 치밀함과 정치적 결단력이 다 부족했음을 국민께 솔직히 인정하고 사과해야 합니다.

둘째, 수사-기소 분리 후의 최적대안은 미완이지만, 지금이 검찰공화국을 예방할 상징적 최소조치, 선제적 예방조치의 마지막 기회임을 국민께 설명하고 양해받아야 합니다.

셋째, 당내 또는 여야간에 대안합의가 안 되면 일단 원칙적 견제로서의 수사권 분리를 즉각 처리하고, 새 정부 출범 후 수사권의 소재를 포함한 종합적 검경 수사권 재편방안을 국민적 논의를 거쳐 조속히 결정할 것을 천명해야 합니다.

넷째, 검찰권에 대한 민주적 통제의 근본적 해결을 위해, 그간 탁상 위 아이디어에 그쳤던 지방검사장 직선제 도입으로 검찰권 독립과 분산, 시민통제를 동시에 달성해야 합니다. 교육감 선거처럼 당적 없는 검사장 선거로 국민에게 궁극적 검찰통제권을 넘깁시다. 즉시 입법에 착수하고 저도 안을 제출하겠습니다. 이제 보수건 진보건 검사장직선제 정도는 감당할 만큼 민주주의가 성장한 대한민국입니다.

다섯째, 나아가 서초동 권력 카르텔을 상징하는 대검찰청 세종 이전도 추진합시다. 균형발전에도 민주화에도 도움되는 합리적 방안으로 국민적 공감을 얻으리라 믿습니다. 이미 세종에 부지가 있고, 지난 대선에서 많은 여야 후보들이 약속했고, 서초동과 서울시민에게 열린 공간의 선용 기회를

다시, 김민석

줄 것입니다. 최근 거론된 산업은행 이전 등보다 균형발전에 더 나은 대안임은 물론입니다. 내친 김에 논산 육사 이전도 공론화합시다.

다시 말씀드립니다. 급할수록 돌아가고, 나아가야 할수록 돌아봐야 하고 하나가 급할수록 열을 보아야 합니다. 지금 반성·평가하지 않으면 지방선거 후 전당대회를 앞두곤 더 못 할 것이고 반성과 평가가 늦어질수록 민주당의 회복은 늦어질 것입니다.

정당민주주의를 발전시켜온 원조 정당의 자부심을 붙잡고 솔직하고 겸손하고 당당하게 모든 주제를 조속히 국민 앞에 공개토론할 것을 다시 제안합니다. 단편적 대응은 이번으로 끝이어야 합니다.

끝으로 보탭니다. 오늘 가족의 고통 앞에 몸부림칠 조국 전 장관의 가장 큰 두려움 중 하나는 만에 하나 윤석열 정부에서 아내가 사면되면 그 치욕을 어찌 감당하나 아닐까요? 상대가 천하의 죄를 진 적이라 해도 도를 넘은 능멸은 허용되지 않거늘, 윤 당선인을 포함한 우리 사회의 기성세대 가운데 그토록 떳떳하게 조국 가족에게 돌 던질 유자격자가 얼마나 될지 의심스러운데, 독재자를 보완했던 육영수 여사는 못 될망정, 이 시기에 당선인의 가장 가까이에서 빈 손으로 무너져 있는 패자에 대한 절제 안 된 조롱이 나온다면 과연 그리도 귀한 검찰조직을 지켜줄 국민적 공감이 생기겠습니까?
모두 돌을 든 손을 내려놓을 시간입니다. 승자가 먼저 그래야 합니다.

페이스북 (22. 04. 12)

3

품격 있는 대통령 관저 결정을
촉구합니다

청와대에서 광화문, 용산으로 변경된 집무실 이전, 청와대에서 총리 관저, 국방부장관 공관을 거쳐 다시 외교부장관 공관으로 변경된 숨가쁜 대통령 집무실 및 관저 이전지 물색 스토리의 본질이 국정과 국민을 위한 집무실 이전이 아니라 대통령 부부의 맘에 드는 한남동 관저 찾기입니까?

몇 가지 묻겠습니다. 폐쇄적 청와대를 국민에게 돌려드리고 국민소통과 개방이 목적이라던 청와대 이전의 명분은 진정 국방부 집무실로 충족될 것입니까? 이번 집무실·관저 이전의 원칙은 무엇입니까? 국정안정, 예산절감, 국민공감, 법치주의 중에서 어느 하나라도 염두에 두고 있기는 합니까?

왜 관저가 집무실과 떨어져야 합니까? 대한민국 규모의 어느 나라가 보

다시, 김민석

안 요건을 무시하고 관저와 집무실을 분리합니까? 왜 매일 출퇴근하는 대통령 때문에 시민이 교통통제의 피해를 봐야 합니까? 민주국가의 일상사인 시민집회로 대통령의 출퇴근이 막히면 그 국정 마비는 어찌합니까? 국정 방해죄로 시민을 다 내몰 것입니까? 청와대에서도 어렵던 경호는 이제 집무실과 관저가 분리된 일상적 직주분리체제하에서 누가 어떻게 감당합니까?

그나마 용산 집무실 옆 관저 구축 시까지 한시적이라던 한남동 관저체제는 언제 구렁이 담 넘어가듯 윤석열 정부 5년 내내의 항구 체제로 바뀌었습니까? 통의동 임시사무실과 버스벙커에서 일할지언정 청와대는 하루도 안 들어가겠다는 결기의 속내는 대통령 집무실의 완결성이나 국정의 안정성은 어찌 되든 간에 대통령 부부의 거처는 반드시 서초동에서 한남동으로 직행하겠다는 확고한 원칙입니까? 이런 집념의 관저 주문을 국민은 어찌 이해해야 합니까?

도대체 집무실과 관저 이전에 얼마를 어떻게 쓰겠다는 것입니까? 국가의 공식 외교장으로 쓰이는 외교부장관 공관을 이런 식으로 하루아침에 빼앗는다면 도대체 외교는 어디서 어떻게 합니까? 남의 나라 땅을 빼앗는 조차(租借)도 이렇게는 하지 않습니다. 국정과 외교 최고책임자의 첫 조치가 국방과 외교의 터전부터 흔드는 것입니까?

대통령 부부가 외교부장관 공관을 밀고 들어가면 외교부장관 공관은 어디로 가야 할지 인수위의 단 한 번 논의가 있었는지 양식이 있다면 밝혀

주십시오. 평지풍파로 새로 짓게 될 외교부 신 공관은 어디에 얼마를 들여 지어야 합니까? 장소가 있기는 합니까? 이러다 외교부장관이 청와대를 물려받아 외교를 하는 희대의 민주적 관저하방순환이 나오지 않는다 어찌 장담하겠습니까? 외교의 격을 높인 쾌거라 미리 칭찬해야 합니까? 외교부 공관을 새로 짓는 데 들 천문학적 비용은 대통령 관저 이전과는 전혀 다른 알뜰한 예산 사용입니까? 폰지식 금융기법을 연상시키는 폰지식 관저 돌려막기 아닙니까?

국정의 근본과 시작은 주권자인 국민께 정직한 것입니다. 고뇌할 국정이 산더미인데 거처의 결정에 이리 온 나라의 진을 빼서야 되겠습니까? 사실 거처가 무에 그리 중합니까? 같은 궁궐에서 세종도 나오고 연산군도 나왔습니다. 나라가 어려우면 궐 안에 초막을 지은 임금들이 있어 조선은 세계 최장 500년을 버텼습니다.

소박하게 퇴근해 집 아래 마트에서 장 보는 메르켈처럼 하는 것이 부럽지만 불가능한 분단국 대통령이라면 적어도 국민을 무섭게 보고 예산을 아끼고 경호에 만전을 기하고 보좌진들과 지근거리에서 소통하는 효율적 직주근접 통합시스템을 추구함이 정상입니다. 국민 여론도 법치주의도 무시하는 밀어붙임이 취임 전 인수위 단계의 최고과제요, 업적이자 실패가 되어서야 되겠습니까?

요구합니다. 집무실이든 관저든 옮기고 싶으면 법을 제안하여 국회에 제출하고 국민과 국회의 동의와 예산을 받아 실행하십시오. 윤 당선인께서

다시, 김민석

이리도 고심해서 새 집무실과 관저를 정하시는데, 또 다음 누군가가 맘에 맞는 관저를 찾아 새 집무실을 구하거나 장기통근을 선택할 때에 대비해서라도 대통령 집무실 및 관저법 정도는 있어야 하지 않겠습니까?

만일 관련법과 국민설득 없이 그냥 가시겠다면, 저는 곧 국민 서명을 받아 집무실 및 관저법 아니면 적어도 관저법은 발의하겠습니다. 국민동의, 국회의 예산 동의, 집무실과 관저의 직주통합원칙, 직주분리가 불가피한 경우의 명확한 한시성 원칙, 관저 직주분리에서 오는 국민 불편 최소화와 보상원칙 등이 담길 것입니다. 대통령 취임 후 첫 거부권 행사가 대통령 거처에 관한 국민과 국회의 투명한 통제를 담은 관저법이 되지는 않으리라 믿습니다.

페이스북(22. 04. 25)

유능한 지방정부와
유능한 민생일꾼

윤석열 정부가 출범하였습니다. 그러나 윤석열 정부와 국민의힘은 49%
부족한 정부여당입니다. 독자적으로 법을 통과시킬 수 없기 때문입니다. 어
제부로 민주당은 공식적으로 야당이 되었습니다. 그러나 야당인 민주당은
단순한 야당이라 하기 어려운 압도적 국회다수당입니다. 대통령의 거부권,
인사권, 행정권이 없기 때문에 독자적 입법완수를 할 수는 없지만 세 차례
의 집권경험과 IMF, 코로나 극복경험까지 가진 사상 초유의 강력한 야당
입니다.

87년 민주화 이후 가장 많은 법이 통과된 것이 노태우 정부하의 1노3김
여소야대 체제였고, 역대 민주정부 중 가장 안정적으로 복지·평화·민주주
의의 진전을 이룩한 것이 김대중 정부의 DJP 보수진보연합시기였습니다.

다시, 김민석

이런 점이 어쩌면 윤석열 정부에는 여당이 아닌 야당 같은 겸손함이, 패배한 이재명 후보와 민주당에는 야당이 아닌 여당 같은 책임감이 요구되는 이유입니다.

윤석열 정부와 민주당 앞에 놓인 시대정신은 같습니다. 위기로부터의 회복, 민생 최우선주의, 정치적 상호존중을 통한 국정안정입니다. 시대정신에 답해야 나라와 국민이 살고 시대정신을 거부하면 여당이든 야당이든 심판받을 것입니다.

오늘 우리 민주당의 숙제는 패배를 딛고 국민에 대한 무한책임으로 향후 5년간 국정안정·민생안정과 5년 후 정권교체의 대장정을 다시 시작하는 것입니다. 그것이 지금 새 정부 임기 초, 지선과 재보선을 앞둔 민주당의 정치기조이자 선거기조가 되어야 한다고 봅니다.

지금 대한민국에 가장 중요한 화두는 국정안정·민생안정입니다. 국정안정과 민생안정을 성취할 유능한 정부를 위해서는 건강한 긴장과 균형이 필요합니다. 중앙정부의 인사는 대통령의 인선, 국회 청문회와 국민여론을 거쳐 결정될 겁니다. 지방정부를 유능한 사람들로 구성하여 유능한 지방정부를 만드는 것은 이번 지방선거의 본질적 의미이며 과제입니다. 그러자면 건강한 여야간 긴장은 필수입니다. 윤 대통령께 집무실이전, 관저이전, 국무위원 인사에 겸손한 긴장을 갖기를 권합니다. 민주당은 한편으론 새 정부가 원만히 일하길 바라고, 한편으론 새 정부의 폭주를 우려하는 국민의 뜻을 받들 수 있도록 여야관계의 건강한 긴장과 균형을 만들어야 합니다.

지방선거에서 각 광역·기초 지방정부의 유능한 단체장과 지방의원들이 계속 일하고, 좋은 지방자치 정책이 이어질 수 있도록 해야 합니다. 민주당은 품격 있고 강력한 합리적 책임야당이 돼야 합니다. 원칙은 명확히 시시비비하되 국정을 위해 필요한 유연성을 갖추고, 강한 야당이되 태도와 언어의 품격을 지킬 것입니다. 패배를 깔끔히 인정하고, 상대를 무시하거나 능멸하지 않고, 0.73%짜리 운운하는 언어를 쓰지 않을 것입니다. 이것이 이번 선거의 전략기조이기도 합니다.

오늘 현재 여론조사는 17개 광역 중 5곳 승리, 광주, 전라남북도, 제주, 세종 여기에 최대격전지인 경기, 그리고 수도권 3곳 중 과반수를 가를 인천, 탁월한 선거 내공의 이광재 후보가 출마한 강원, 충청권 중 네 곳 중 한두 곳을 더해 6~7곳에서 승리하면 선전, 세 군데를 더한 8곳 승리면 승리, 9곳을 넘기면 완승 이렇게 됩니다.

국회의원 재보선은 우리 자리였던 계양·원주·제주를 지키면 승리입니다. 6~7곳에서 승리하는 선전을 넘어 8곳을 이겨 승리하는 것이 1차 목표이고 서울 등 요충지에서, 기초단체장과 지방의원 최대확보 등 선전하는 것이 2차 목표입니다.

경기·인천부터 시작해 바람을 일으키고 충청 과반승리의 기세를 만들어 서울과 다른 지역에서 최대 선전의 기반을 만들겠습니다. 이 목표를 조기달성하면 영남권을 포함해서 우리가 예상 못 하는 태풍이 불 것입니다.

다시, 김민석

지선·재보선·임기 초 대여관계의 메시지를 효율적이고 강력하게 통합하며 선거에 임하겠습니다. 원팀·원메시지의 기조하에 최대한 질서 있는 로마군단 같은 선거로 역대 대선 3승의 자부심을 되찾겠습니다.

이 선거의 중심에 우리 당의 대선후보였고 이번 선거를 총괄하는 이재명 선대위원장이 있습니다. 이재명 선대위원장을 중심으로 원팀으로 뭉치고 승리해야 합니다. 국민들께 겸손하게 치르되 지지자가 아픔을 딛고 결집하도록 하겠습니다.

윤 대통령이 추진하는 관저·집무실 이전과정을 민주적으로 통제하고 서울시민의 불필요한 불편을 막겠습니다. 비합리적 산업은행 이전을 막아 금융중심 서울의 20년 숙원을 살리고 지방금융·균형발전의 대안을 제시하겠습니다. 논산 육사 이전·세종 집무실 조기완성, 세종의사당 조기완성, 법무부 충청이전 등 균형발전의 맥을 잇겠습니다.

신속하고 효율적인 전국 투어로 전국선거의 흐름을 조기에 안정화시키고 이재명 선대위원장 중심으로 수도권 승리의 바람을 만들겠습니다. 최단기간 안에 선거 슬로건과 홍보 방향을 정리하고 각 광역후보들과 정책·전략·홍보 방향을 조율하겠습니다만 핵심은 국정안정·민생안정을 위한 건강한 여야간 긴장과 균형의 확립, 내가 사는 우리 지역의 좋은 지방자치 지속발전을 위한 유능한 지방정부와 지방의회의 구성입니다. 긴장과 인물, 유능한 정부와 유능한 민생일꾼, 이 두 가지가 핵심입니다. 그것을 위해 민주당이 다시 뛰겠습니다.

국민들께는 나라를 위해 건강한 여야 균형 관계를 만들어주시기를, 지지자들께는 김대중·노무현·문재인이 이어온 민주주의 지속을 위해 다시 긴장해주시기를 호소드립니다.

15대 국회 입성 이후, 조순·고건·김대중·노무현-정몽준 단일화, 2010 지방선거, 2017문재인선거 등 직접 책임을 맡았던 선거는 감사하게도 한 번도 지지 않았습니다. 이번에도 대한민국과 민주당을 위해 승리하는 선거가 되기를 기도하며 뛰겠습니다.

감사합니다.

선대위출범식 공동총괄본부장의 취임발언(22. 05. 11)

다시, 김민석

김대중 평화로 선포

김대중 전 대통령을 기리는 김대중 평화로 지정 기념식, 김대중-이희호 글로벌 평화스쿨 발대식, 문화 행사가 2022년 5월 16일 오후 5시, 국회 앞의 하우스 카페에서 열립니다. 국민의힘 당사와 민주당 당사를 연결하는 김대중 평화로 지정은 상생과 통합, 관용의 여야 정치에 대한 국민적 기대와 민주당이 실사구시의 방향으로 혁신하기를 바라는 국민적 흐름과 마침 연결되어 있다고 생각이 됩니다.

오늘 윤석열 대통령이 국회를 처음 찾아서 상생과 협치를 강조한 시점에서 국민들이 바라고 있는 상생 평화와도 연결되어 있는 흐름이라고 생각이 됩니다. 윤석열 대통령과 여야 대표급 지도부의 축하화환도 도착할 예정입니다. 한편, 오늘 행사장에는 "인생은 아름답고 역사는 진보한다", "서생적 문제의식과 상인적 현실 감각" 등 김대중 전 대통령의 여러 가지 명구 가운데 젊은 청년들이 뽑은 15대 인생 명구를 담은 DJ 포천 쿠키가 국회의원 전원과 참석자들에게 나눠집니다. 조금 전에 기자실에도 하나씩 나눠드린 것으로 알고 있습니다. 그리고 김대중 전 대통령께서 사형을 선고받은 후에

권노갑 명예고문과 함께

다시, 김민석

옥중에서 읽었던 책 193권이 전시됩니다.

이번에 거리 지정에 참여한 이들을 중심으로 해서 결성된 김대중-이희호 글로벌 평화스쿨은, 상임공동대표에는 인요한 연세대학교 교수와 김민석 의원 그리고 공동대표로 호사카 유지 세종대학교 교수를 주축으로 청년김대중의 이대선 대표, 통일코리아협동조합의 박예영 이사장 등 다양한 공동대표 여덟 분을 주축으로 해서 권노갑 명예고문, 정균환 전 의원, 신낙균 전 장관 등을 고문으로 하고 국내외 매우 다양한 각계각층의 인사가 참여합니다. 향후에는 국내외의 2~30대 뉴DJ키즈를 주참가 대상으로 하는 각종 교육 행사와 연설대회를 개최할 생각입니다.

한마디로 김대중-이희호 글로벌 평화스쿨의 모토를 요약한다면, "다시 김대중", "젊은 김대중" 이렇게 되어 있습니다. 새 정부가 출범하고 대통령의 취임식이 얼마 전에 있었고, 새 대통령이 시정 연설을 한 이 시점에 우리 사회가 요구하고 있는 남북의 평화 또 우리 공동체의 보다 깊이 있는 대화와 상생 등에 대한 국민의 관심이 높아지고 있는 시점에서 여와 야, 보수와 진보가 공히 인정하고 존경받고 있는 김대중 전 대통령의 리더십을 다시 새기고 우리 사회가 상생과 공존으로 나아갈 수 있는 방향에 또 하나의 계기가 되기를 바라면서 간단한 공지의 말씀을 마칩니다. 고맙습니다.

기자회견(22. 05. 16)

협치의 진정한 대상은
국민입니다

대통령의 시정연설에서 제기됐던 협치에 대한 진정성을 어떻게 믿게 할 것인가라는 데 대한 말씀을 드리겠습니다. 이에 대해서는 바라보는 사람마다 다르겠습니다만 개인 의견으로 말씀드린다면 인사에서 드러난다고 봅니다.

우선 지금 국회 인사청문회가 진행되고 있는데 이미 국민들이 한동훈 장관에 대해서는 대통령이 그냥 임명할 것이라고 예상하고 있고 정호영 후보자의 경우에는 사실은 이미 자진 사퇴를 하건 아니면 대통령이 인사를 거두어들이건 별로 감동이 없습니다. 왜냐하면 정호영 후보자는 특별히 야당이 문제제기를 하지 않아도 이미 스스로 또는 대통령에 의해서 물러나는 것이 너무 당연한 자동 과락대상이기 때문입니다. 따라서 자동 과락대상

다시, 김민석

에 불과한 정호영 후보자를 물러나게 하는 것으로 협치에 대한 의지를 표현한다든가 또는 심지어 협치에 대해서 말을 해놓고 과락대상인 정호용 후보자조차도 "협치에 대한 성의는 민주당만 보여라.", "협치에 대한 의무는 야당만 져라. 나는 내 길을 가겠다."라는 협치가 과연 가능한 것인지 묻고 싶습니다. 다시 한번 말씀드리지만 자동 과락후보자인 정호용을 아웃시키는 것은 이미 큰 득점 요인이 되지 못하고 감동의 대상도 아닙니다.

여기서 저는 또 하나 문제제기를 하겠습니다. 시정연설에서 강조한 연금개혁이 그토록 중요하다면 어떻게 연금개혁을 담당할 직접 주무장관인 보건복지부장관에 어쩌면 그렇게 완벽하게 연금개혁을 다뤄갈 가능성과 능력이 전혀 없는 분을 추천하셨습니까? 가장 중요한 국정개혁의 과제로 국민 앞에 내놓은 것이 연금개혁이라면 저희가 청문회에서 연금개혁에 대해서 정책질의를 하기조차도 민망스러운 후보자를 추천하고 연금개혁을 제일 국정과제로 제기하는 것은 참으로 성의 없음을 떠나서 민망한 태도다라고 말씀드리지 않을 수 없습니다.

게다가 이미 의회의 검증을 거치는 장관 인사는 사실상 다 청문회가 진행됐고 국민이 과락을 시켜도 별로 관심과 흥미와 감동이 없는 정호영 후보자조차도 저대로 두면 임명할지 모른다 하고 있는 상황에서 더 이상의 장관 인사에 대한 대통령의 협치를 무엇으로 저희가 기대할 수 있겠습니까.

실은 정말로 이 대통령제 국가에서는 대통령이 국민에게 과거에는 청와대로 불리던 대통령실 비서관 인사에서 협치와 성의를 보여야 하는 것입니다. 협치해야 할 대상은 야당인 민주당 이전에 국민입니다. 국민들이 인정하지 않는 그러한 인사들, 비위 전력이 있고 조작전략이 있는 그러한 인사들을 전혀 반성하지 않고 대통령의 가장 측근에 임명하면서, 검증을 요하지 않는 가장 측근에 임명하면서, 무슨 국민과 협치하겠다는 것입니까. 진정으로 협치를 원한다면 협치의 가장 중요한 대상이자 받들어야 할 섬겨야 할 대상은 국민이고 국민들께 부끄럽지 않도록 대통령실 인사부터 국민 눈높이에 맞게 하시라 이런 말씀을 드리고 싶습니다.

윤석열 대통령 국회 시정연설 관련 기자회견, 유튜브(22. 05. 17)

다시, 김민석

7

김대기 비서실장은
관료의 탈을 쓴 차지철인가

김대기 비서실장 이야기부터 하겠습니다. 대통령이 현재 서초동에서 용산 집무실로 출퇴근하고 있지 않습니까? 그런데 출퇴근하는 시민들의 불편을 묻는 의원의 질문에 답하기를, "어느 나라나 대통령이 움직일 때, 다 그런 교통불편이 있는 것 아니냐. 그럼 혹시 다른 대안이 있으시냐?"라고 반문하는 모습을 봤습니다.

임명 후에 국회에서 국민 앞에 첫선을 보이는 자리인데, 이렇게 오만하고 반성찰적인 국민 갑질 발언을 한 김대기 비서실장의 정식 사과를 요구합니다. 만약에 조속하게 정식 사과하지 않으면 저는 김대기 비서실장의 해임을 요구하겠습니다. 전 세계 어디에 매일 국가수반이 출퇴근하면서 고정적이고 일상적으로 교통 불편을 주는 나라가 있습니까.

핵심은 대통령 이동 또는 대통령 행차가 비전되는 불편함이 아니라 그 불편함이 매일 동일장소에서 고정적으로 일어난다는 것입니다. "어느 나라나 다 그런 것 아니냐?" 어느 나라에 그런 게 있습니까? 대국민 양해와 사과를 해도 모자랄 판에 '다른 나라도 마찬가지다'라고 이야기하는 것은 국민 기만입니다.

그리고 거기다 대놓고 "대안을 내놔라?" 대안을 대통령실에서 내야지, 왜 국민한테 내라 그럽니까? 국민을 개돼지로 여기는 겁니까? 이것이야말로 국민을 개돼지로 하는 전형적인 안하무인 엘리트의 전형이라고 봅니다.

저는 김대기 비서실장을 잘 모릅니다. 그런데 경제관료 출신이라고 하고 이 정부에서 새로 임명한 비서실 인사 중에 비교적 잘됐다, 이런 기사를 봐서 박정희 대통령하에 오랫동안 10여 년 이상 비서실장을 했던 김정렴 전 비서실장 모델을 생각했었습니다. 박정희 대통령이 독재로 비판받았지만 정치로부터 완전히 거리를 두고 그야말로 국정과 경제발전에 전념해서 박정희 대통령으로부터 경제는 '자네가 다 알아서 해'라는 이야기를 들었던 것이 김정렴 전 비서실장입니다. 김정렴 전 비서실장의 회고록은 대한민국 경제발전사의 참으로 진보와 보수를 떠나서 참고해야 할 보석 같은 자료입니다.

그런데 저는 김정렴을 기대했는데 알고 보니까 관료의 탈을 쓴 차지철이었습니다. 제가 더 자세히 알아보니까 이명박 정권 때 경제수석과 정책실장을 하는데, 이명박 전 대통령을 망친 것도 모자라서 이제 반성 없이 새 정

다시, 김민석

부까지 망치려 합니까? 김대기 비서실장 같은 사고방식을 최측근에 두면 윤석열 대통령은 실패할 겁니다.

기자간담회(22. 05. 19)

측근비호, 부도덕한 국정농단
음모를 막아주십시오

    윤석열 정부의 국정방향 윤곽이 드러났습니다. 경제권력은 기재부로 정보·인사·사정의 통치권력은 대법원과 헌재의 인사권까지 틀어쥘 제왕적 법무부로 넘어가고, 광화문 집무실과 손실보상 공약 같은 대표공약은 파기되고, 대통령 가족과 수석 등 최측근에 대한 감찰은 최측근 법무부장관에게 넘어가 사상 최초로 측근감찰 아닌 측근비호 체제가 자리잡고 있습니다. 가족비리는 은폐되고 그 중임을 맡은 후계자에겐 차기의 길을 열어 보상하는 것이 윤석열 정부 임기 초 국정의 시작이자 끝입니다.

    외우내환의 민주당만으론 역부족입니다. 최소한 우리 지역의 차세대 인물들은 살려주십시오. 그것이 민주주의이고 균형이고 지역 살리기입니다. 강원도특별법의 주인공 이광재, 황당한 정치공작을 이겨내고 있는 양승조,

        다시, 김민석

실력과 도덕성에서 우위인 김동연이 반드시 살려주셔야 할 대표적 인물입니다. 이들은 여러분의 유능한 단체장이자 강력한 차기주자가 될 것입니다. 인물론에서 앞서는 모든 광역·기초단체장을 살려주십시오. 경기도를 더 키울 김동연 대신 내놓고 선거법을 위반한 김은혜를 뽑을 수는 없지 않습니까? 윤 대통령이 보냈으니 오늘 윤 대통령이 사과하고 사퇴시키는 것이 국민에 대한 도리입니다. 만에 하나 당선돼도 선거법으로 자격상실이기 때문입니다.

민주당은 협치했습니다. 부적격 총리를 대승적으로 인준해서 정부출범을 도왔고 대통령 공약인 손실보상을 추경에 반영하려 대통령과 국민의힘보다 더 노력했습니다.

윤 대통령과 국민의힘은 국민을 속이고 협치를 깼습니다. 집무실 이전 과정에서 내내 부정직했고 야당이 인준한 총리의 국무조정실장 임명을 막아 책임총리를 처음부터 무력화시켰고 손실보상 공약을 포기해 시작부터 경제권력을 국민이 아닌 기재부에 넘겼습니다. 문재인 정부의 내로남불을 규탄하더니 최측근 비리를 최측근이 덮어주는 희대의 제왕적 내로남불, 내로남덮 체제를 음모하고 성상납시비로 선거 후 윤리심판을 앞둔 여당대표가 무모한 대야공격의 선봉에서 공을 세워 심판을 피하려 하고 있습니다.

민주당은 선거 후 대통령 관저법을 통과시키고 정부-여당의 집무실법 제출을 요구하여 투명하고 민주적인 국정을 요구하고 민생·물가·금리 관리에 무관심한 정부보다 민생을 더 챙기겠습니다. 도덕적 문제가 생길 때마다 즉각 처리하여 도덕적 우위를 굳히고 제왕적 법무부의 초법적 인사검증 및 최측근 봐주기 시도를 막아내기 위한 인사검증 입법을 하고, 인사검증권 없는 법무부에 대통령령으로 인사정보 수집권을 주려는 편법 정부에 대한 권한쟁의 심판제기 준비에 들어가겠습니다. 지역균형과 권력분산을 위해 법무부·대검찰청·경찰청의 충청권 이전을 추진과제로, 대법원·헌법재판소의 충청권 이전을 검토과제로 하여 속도를 내겠습니다.

국민 여러분, 도와주십시오. 투표해주십시오. 김대중의 행동하는 양심, 노무현의 깨어 있는 시민, 문재인의 다시 흐르는 강물처럼 지금은 투표만이 양심이고 시민행동이며 다시 진보의 바다로 강물을 흐르게 할 것입니다.

오늘 이 시간 8시부터 고민정 의원을 시작으로 서울 국회의원들의 릴레이 용산역 1인 시위가 오전 중 이어집니다. 10시 반 용산역에서 서울 의원단 합동 회견이 열립니다. 주제는 '최측근 비리를 최측근 법무부로 덮으려는 사상초유의 뻔뻔한 음모를 투표로 경고해주십시오'입니다. 어제 전국 선대본 연석회의를 거쳐 같은 메시지로 전국이 막판 호소를 할 것입니다.

지금은 투표가 균형이고 안정이며 지역을 살립니다. 90대의 권노갑부터, 20대의 박지현, 10대의 첫 투표자까지 다 나섰습니다. 지지자 여러분도 이제 털고 일어나 다시 가는 민주주의를 위해 투표해주십시오. 대한민국은 민주공화국이고 그 주인은 국민 여러분입니다. 진정한 국민의 뜻을 보여주십시오.

지방선거 하루 전 김민석 총괄본부장 모두 발언(22. 05. 31)

다시, 김민석

협치의 관점에서 윤 대통령께
파(罷)김승희를 고언합니다

김승희를 어찌할꼬!

걱정이 없으시다면 차라리 이상합니다. 능력이 없고, 자격이 없고, 원군이 없고, 절차적 정당성이 없으니 가히 김승희 4불가론입니다.

새 정부의 최대과제라는 연금개혁을 추진할 능력은 없어 보이고, 본인과 가족을 망라한 총체적 의혹·총체적 부실에 희대의 이해충돌까지 명확하니 장관자격은 없되, 새 정부의 트러블메이커 자격은 차고 넘쳐 보이며 전임 탈락자 정호영 후보자에게조차 있던 동일직역의 응원조차 차마 없으니 대한민국 어디서도 원군을 찾기 힘들고 국회 공전을 틈탄 청문회 패싱 외엔 활로가 없어 보이니 그나마 청문회를 거쳐보자고 했던 직전의 절차적 정당성까지 난망입니다.

혹여 정상절차를 택하신다면 청문을 담당해야 할 청문회 예비책임자로서 고언드립니다. 지금이 족한 때인 듯합니다.

대통령과 국가에 정말 득 될 사람이면 쌍수로 돕겠습니다. 엄중한 연금개혁, 포스트 코로나의 보건복지체계 재정립, 10월의 바이오 정상회담, 세계 유일의 바이오 교육허브 준비, 새 정부의 전략산업인 바이오진흥을 이끌 사령탑입니다. 이건 아니지요.

국민의 눈으로 국민과 협치하시려 한다면 파(罷)하고 새로 찾으시길 진언합니다. 대한민국은 인재천국입니다.

페이스북(22. 06. 13)

다시, 김민석

10

연금개혁,
대통령 배우자에 대한 제언

<u>1</u> 윤 대통령이 취임사에 이어 다시 연금개혁을 두 팔 걷고 나설 과제로 강조하고, 정치권의 협력을 촉구했습니다. 누가 두 팔 걷고, 누가 어떻게 협력합니까? 두 팔 걸을 보건복지부장관 후보는 연이어 연금개혁 부적임자에, 협력할 국회와는 청문회조차 패싱 중이니 전형적 유체이탈화법입니다. 모수개혁(걷고 주는 비율 조정에 의한 재정개혁), 구조개혁(기초·직역·국민 연금의 연계개혁), 방법개혁(정부 일방이 아닌 여야와 국민이 동참하는 사회적 공론숙의 개혁)의 3원칙을 지키지 않으면 결국 요란하게 시작해 허망하게 끝나는 태산명동서일필(泰山鳴動 鼠一匹)로 새 정부의 야심찬 첫 실패 사례가 될 것입니다.

촉구 이전에 성찰을 권합니다. 올바른 인사, 올바른 추진의 기초부터 다지는 것이 대통령의 일입니다.

2 대통령 배우자의 자유 행보가 계속입니다. 논란은 나와 무관, 오불관 언입니다. 배우자 부속실 폐지 공약을 번복한다고 뭐라 할 국민이 있겠습니까? 외려 당연한 장치가 없음을 후진이라 탓할 국민수준이 된 지 오래입니다.

이름도 괘념치 마십시오. 제2부속실이 아닌 제1부속실 또는 특별 부속실이라 한들 어떻습니까. 어차피 국민이 시비한들 자유로이 하시는 터 아닙니까. 동선, 동행, 비용, 사진, 기사화 등만 동서고금의 예를 잘 참고해 국격에 맞게 해주시면 된다는 것이 국민의 뜻 아니겠습니까? 여당 내에서도 소리가 나오면 언젠가 반드시 문제가 되다던 역사의 교훈을 꼭 참고해주시기 바랍니다.

페이스북(22. 06. 15)

다시, 김민석

온 국민 월 1만 원 교통권으로
코로나 위로, 물가대책, 경기진작의
일석삼조를!

결국 민생과 경제입니다. 물가 인상과 스태그플레이션 대책, 코로나 이후로 미뤄온 온 국민 지원을 통한 소비진작 등을 동시에 이룰 한 방도로 2~3개월 한시(7~8월 휴가철 또는 추석까지)의 온 국민 1만 원 교통권 지급을 제안합니다.

미국과 독일도 유사한 정책을 시작했습니다. 독일은 9유로 교통패스로 우선 6월 1일부터 세 달간 약 1만 원의 본인 명의 교통권을 지급하여 전국 국철 및 국공영 교통시설의 무제한 사용을 허용하고 있습니다. 소비진작, 국내관광, 지방경제 등을 고려한 조치입니다.

우리도 합시다. 항체형성이 국민 90%를 넘겼으니 밀폐공간 방역수칙만 잘 지키면 됩니다. 여름 휴가 기간 개별자동차 사용의 유류소비 절약효과를 내도록 현실적으로 KTX 이외의 국철과 전철 및 적절한 공영교통을 전국적으로 연계시키면 됩니다. 그 정도는 할 수 있는 재정상황이라고 생각합니다. 철도 등 국영기관의 추가 적자 보전과 정액권 기존구매자에 대한 적정보상 등에 드는 재정소요를 감안한 최적 가격산출(가령 월 1만 원이 아닌 2만 원 책정 등)은 정부의 지혜의 영역입니다. 정부의 창조적 적극성을 주문합니다.

페이스북(22. 06. 17)

다시, 김민석

민생뉴딜과
소득세 개편을 제안한다

스태그플레이션이 예고되고 있습니다. 코로나19 이후의 재정압박, 우크라이나 전쟁의 장기화, 원숭이두창 등 신보건위협의 삼중고 아래 장기흉년의 혹독한 겨울이 임박했습니다. 민생뉴딜 총력전이 답입니다. 유류세, 교통비, 소득세, 식비, 대출이자, 청년자산, 직업훈련이 국민부담 경감이 절실한 민생뉴딜 7대 우선분야입니다. 지난 4월 발의한 유류세 인하(70%) 법안과 최근 제안한 한시적 월 1만 원 교통권에 더해 소득세 개편을 제안합니다.

8,800만 원 이하 과표구간의 소득세 개편을 제안합니다.

윤석열 정부의 대기업 감세는 시대착오입니다. 초우량 대기업의 곳간만 늘리고 서민생활의 불안정은 증폭시킬 것입니다. 레이건, 슈뢰더, MB의 대기업 감세는 투자·고용 부진과 재정적자 확대의 부작용을 초래했습니다.

세율인상 없이도 실질증세 작용을 하는 감춰진 증세인 브래킷 크리프(bracket creep) 상황을 시정하기 위해 소득세를 개편해야 합니다. 물가 급등기에는 명목소득이 증가하면서 실질소득 증가 없이 세부담은 확대되고 가처분소득은 줄어듭니다. 물가상승에 허덕이는 국민들 중에서 특히 중저소득층의 부담을 덜어야 합니다. 2008년 이후 고정되어 있는 8,800만 원 이하 과표구간에 대해 과거(가령 과거 10년의 연평균 물가상승률)와 미래의 물가상승률을 반영한 과표기준 상향조정 방안을 제안합니다.

이미 미국, 스웨덴 등에서 적용 중인 소득세 물가연동제 도입을 위해 정부가 검토할 것을 요청하며, 윤 대통령이 무엇이 중한지 깊이 통찰하고 국정의 초점을 잡아 과거털기의 손쉬운 탈선유혹에서 벗어나길 강력히 권합니다.

페이스북(22. 06. 29)

다시, 김민석

영빈관 신축을 포기하고
수재민 지원부터 현실화하라

김민석 의원입니다, 오랜만에 뵙겠습니다. 저와 정태호 의원 두 사람이 영빈관 신축 반대에 대한 공동성명을 준비했습니다. 정태호 의원과 함께 서야 하는데, 지금 다른 일정으로 불가피하게 참석하지 못했습니다. 오늘 공동성명을 함께 낸 후에 지역에서의 공동 현수막 게첩 등 필요한 공동행동을 하겠습니다.

영빈관 신축을 반대합니다. 대국민 약속 파기이고 세금 낭비입니다. 멀쩡한 청와대 영빈관을 놔두고 지금부터 시작해서 언제까지 있을지도 모를 영빈관을 짓는 데에 헛돈을 씁니까.

영등포와 관악은 지난 수해로 특별재난지역으로 지정되었습니다. 200

만 원으로는 턱도 없는 수재민 지원액부터 현실화할 것을 요청합니다. 특별 재난지역부터 그에 걸맞은 지원이 필요합니다.

현재의 경제와 민생, 재난피해자의 처지를 생각하면 말도 안 되는 발상입니다. 피눈물나는 피해 주민들에게 희망고문이 아닌 현실적 지원이 필요합니다. 대통령과 정부가 영빈관 신축계획을 즉각 포기하고 현실적인 수재민 지원대책을 내놓을 것을 요구합니다.

영등포구을 국회의원 김민석, 관악구을 국회의원 정태호.

기자회견(22. 09. 16. 이 기자회견 이후 정부는 영빈관 신축을 철회함.)

다시, 김민석

윤석열 정부는
유능한 정부입니까?

김 ┚ 한덕수 총리님, 윤석열 정부가 유능합니까?

한 ┚ 저는 최선을 다하고 있다고 생각합니다.

김 ┚ 이번 난방비 고지서가 폭탄이라는 국민 정서를 이해하십니까?

한 ┚ 상당히 증가했다고 생각하고 있습니다.

김 ┚ 지난 10월 난방비 인상은 윤석열 정부에서 한 거죠?

한 ┚ 예 그렇습니다.

김 ┚ 작년하고 똑같이 난방을 써도 고지서 폭탄이 날라올 것은 작년 10월
에 이미 예고된 거라고 볼 수 있죠?

한 ┚ 예측할 수 있었으리라고 생각합니다.

김 ┚ 난방비가 외국보다 싸기 때문에 가격도 올리고 소비도 줄이는 게 좋다. 이게 정부 생각이죠?

한 ┚ 그러나 동시에 사회적 약자는 적절하게 보호를 하고 지원을 해야 된다고 생각하고 있습니다.

김 ┚ 지난 10월 이후에 그런 생각을 국민들께 충분히 전달하셨습니까?

한 ┚ 그 산업부장관이 아마 기회 있을 때마다 에너지 값이 오르고 있고 그것 때문에 한국전력 가스공사도 어려워지고 있어서 가격 조정이 불가피하다는 얘기를 계속 한 것으로 알고 있습니다.

김 ┚ 충분히 얘기했는데 못 알아먹은 국민들에게도 문제가 있다고 볼 수 있다, 이렇게 생각이 되는데. 난방비로 난리가 나고 나서 정부가 취약계층 대책을 냈죠?

한 ┚ 일단 예산에서 있었던 걸 갖고 조치를 발동을 했고 추가적으로 더 하는 것이 좋겠다고 판단해서 대상도 늘리고 조금 두텁게 지원하고 그리고 특히 사각지대를 없애는 그러한 조치를 했습니다.

김 ┚ 작년 10월부터 예금 폭탄 요금 폭탄은 어차피 예견된 건데 취약계층 대책은 그때 미리 만드는 게 정상 아닙니까?

한 ┚ 정부의 방침은 전체적인 재정 사정이 있기 때문에 최대한 재정의 건전성과 약자의 보호를 조화시키려고 노력을 하고 있습니다.

김 ┚ 온 국민이 폭탄을 맞았는데 최소한 국민 70% 정도는 난방비를 지원하는 게 맞는 정책 아닙니까?

다시, 김민석

한 』 재정이 충분하다면 그럴 수 있다고 생각합니다.

김 』 지난 정부에서 난방비 가격이 낮았던 것을 어제 오늘 아신 건 아니죠?

한 』 의원님께서도 잘 아시겠습니다마는 언론에도 여러 차례 에너지 공급 회사들이 정부에 대해 요금을 인상시켜 달라고 요청을 했지만 이런 요구가 거부되고 있다는 사실이 언론에 상당히 보도가 되었다고 생각합니다.

김 』 난방비 인상이 전 정부 탓이냐 현 정부 탓이냐 이건 전혀 본질이 아니죠. 윤석열 정부가 지난 10월에 가격 인상할 때 오늘의 폭탄 사태는 이미 예고된 겁니다. 근데 지난 3개월 동안 아무런 설명도 안 하고 아무런 대책도 안 하고 취약계층 대책도 미리 안 냈다가 지금 헤매고 있는 게 본질인데요. 유능한 정부인가요?

한 』 뭐 의원님 잘 아시겠습니다만 작년에 이미 추경을 할 때 에너지 취약계층에 대한 예산을 추경에도 반영을 했습니다.

김 』 충분치 않으니까. 이번에 또 했겠죠.

한 』 물론입니다.

김 』 3개월 동안 손 놓고 있다가 본질도 아닌 걸 가지고서 전 정부 탓을 하는 것은 이런 건 유능한 거라고 봐야 됩니까? 기만적이라고 봐야 됩니까? 아니면 치사하다고 봐야 됩니까?

한 ┃ 에너지 가격이 현재까지 높아진 이유, 그리고 과정에서 그것이 전 정부든 지금 정부든 어떻게 대응을 하고 있는가 하는 것들을 뭐 설명하는 차원이라고 생각합니다.

김 ┃ 남 탓하는 거를 5년 내내 계속하실 생각입니까?

한 ┃ 저희는 남 탓하고 있다고 생각하지 않습니다. 다만 사실을 말하고 있다고 생각합니다.

김 ┃ 전 정부는 남이 아니라 한 몸이다, 이렇게 생각하시나 보죠? 나경원 전 의원이 잘린 이유가 당대표에 나가서 그렇습니까? 아니면 결혼하면 대출 탕감하는 헝가리식 해법을 제기해서 그렇습니까?

한 ┃ 저는 인사권을 가진 대통령님의 결정이었다고 봅니다. 제가 해당 안에 대한 설명을 잠깐 들었을 때, 기존 정부의 계획과 다소 중복도 되고 재정에 미치는 부담 때문에 충분히 해당 위원회에서 논의를 하고 그리고 결정된 이후에 발표가 되어야 한다고 판단을 했습니다.

김 ┃ 헝가리식 해법을 얘기한 것은 홍준표가 시작이었는데 나경원이 하면 그렇게 큰 죄가 됩니까?

한 ┃ 의원님, 잘 아시다시피 저출산의 큰 원인 중의 하나가 결국 주택의 문제와 보육의 문제라는 것을 너무나 잘 아시는 사항일 겁니다. 그런 과정에서 젊은이들이 항상 고민하고 있는 주택 문제를 어떻게 할 거냐에 대해서 작년에 청년정책 조정위원회에서 국토부 중심으로 대책을 발표했습니다. 우선 원가가 저렴한 주택을 공급하고 동시에 구매하려는 사람들에 대해서 장기 모기지도 만들어내려고 했습니다. 이런 정책으로 가고 있는데, 막대한 재정을 소요하는 이러한 정책은 좀 안 맞는다고 생각합니다.

김 』 헝가리식 해법의 아이디어 정도를 얘기한 것 같은데, 저렇게 깨지면 앞으로 자유로운 발상을 하기가 어려울 텐데 현 정부는 파격적인 출산지원은 포기했다, 이렇게 봐도 됩니까?

한 』 저희는 그건 다소 중복되는 정책이라고 판단하고 있습니다.

김 』 이준석, 유승민, 나경원, 안철수. 대통령께서 당내 비주류를 피의자 다루듯 하시는데 박정희, 전두환 말고 자기 당 사람들을 이렇게 난폭하게 다뤘던 대통령이 기억나십니까?

한 』 제가 알고 있는 대통령의 당에 대한 의지라 할까, 이런 것들이 언론에서 보도되는 식은 아닙니다. 저는 그렇게 생각합니다. 당은 당으로서의 활동을 하는데, 여기에 대통령을 결부시키는 건 타당하지 않다고 생각합니다.

김 』 의지가 난폭함으로 표현됐던 박정희, 전두환 두 대통령의 끝이 좋았습니까?

한 』 저는 두 분의 대통령, 특히 박정희 대통령은 우리나라 경제발전에 큰 기여를 하셨다고 생각을 하고 있는데, 그분을 그런 차원에서 평가를 하는 것이 적절하지 않다고 생각합니다.

김 』 오세훈 시장이 장애인 단체한테 사회적 강자라고 했는데, 이게 이 정부의 공통 마인드입니까?

한 』 그렇지 않습니다.

김 』 오 시장이 좀 지금 비주류입니까?

한 』 저는 만약에 오 시장께서 그렇게 말씀하셨다면 그건 사회적 약자도 어떤 일반 국민들에게 큰 폐를 끼치지 않는 차원에서 자신들의 요구를 해야 한다는 취지라고 생각합니다.

김 』 시장이 말을 잘못한 것 같아요?

한 』 본인의 주장을 해야 되는 거 아닌가라는 뜻으로 말씀하시지 않았을까 생각합니다.

김 』 출근길 시위가 시민을 불편하게 한 점도 있지만 역대 정부가 장애인들에게 했던 약속을 못 지킨 것도 사실인 건 아시죠?

한 』 최대한 반영을 하려고 노력했다고 알고 있습니다.

김 』 여야 의원들이 종교 지도자들도 뵙고 장애인 이동권 문제를 사회적 대화로 풀려고 이제 하고 있습니다. 영부인이 외국 소년도 돌보는 나라인데 이 정도 문제도 풀지 못하고 어떻게 약자와의 동행 정부라고

하겠습니까? 국무회의에서 늘 보시니까 오 시장한테도 좀 나무라 주
시고요. 총리께서도 의원들이 요청하면 대화하실 거죠?

한 』 예, 물론 하겠습니다.

김 』 박정희, 전두환 정권은 야당이든 여당이든 칼질을 했습니다. 그나마
박정희, 전두환은 경제는 잘했다, 이런 평가가 있습니다. 경제까지 못
하면 최악이고 연산군 시대입니다. 현 정부의 미래가 박정희, 전두환
시대에 가깝겠습니까, 연산군 시대에 가깝겠습니까, 아니면 유능한 정
부가 될 가능성이 있습니까?

한 』 저나 국무위원들은 경제를 살리기 위해서 최선을 다하고 있습니다. 저
는 분명히 결과는 좋은 결과를 가져오리라고 믿습니다.

저는 한 총리께서 윤석열 정부 내내 총리를 할 가능성이 높다고 봅니다.
다시 총리 청문회를 통과할 후보를 찾기가 어려울 거고, 청문회를 뒷받침
해 줄 과반수 득표를 갖기가 어려울 겁니다. 그래서 잘해 주시기 바랍니다.
그래도 여권 내에서 국정 경험이 제일 많으신 분이니까요.

존경하는 국민 여러분, 오늘 국회는 국민의 생명을 못 지킨 행안부장관
을 탄핵했습니다. 벌써 파면됐어야 정상인데 국정이 정상이 아니었습니다.
제일 야당으로서 죄송합니다. 그러나 야당이 의회의 다수기 때문에 탄핵결
의는 했지만, 거기까지입니다. 최종결정은 헌재가 하고 특검도 대통령이 거

부하면 그만입니다.

　무당을 믿으면서 교회에 표 얻으러 가는 것이 진짜 기독교인이 아니듯이 김대중, 노무현을 이야기하면서 실제로는 박정희, 전두환보다 못한 폭정을 한다면, 어떻게 성공하겠습니까? 주권자인 국민 여러분께 부탁 올립니다. 대한민국은 민주공화국입니다. 지켜주십시오. 저희도 부족하지만 심기일전하고 더 열심히 하겠습니다. 감사합니다.

한덕수 총리에 대한 대정부질문(23. 02. 08)

다시, 김민석

한동훈 장관의 말은
부메랑이 되어
다시 돌아갈 것입니다

김⌐ 한동훈 장관님, 이민청을 처음에 제기하시는 걸 보고서 국정에 대해서 생각을 참 많이 하셨구나라고 제가 느꼈어요. 국무위원으로서 국정에 대한 책임감이 있으시죠?

한⌐ 그래야 한다고 생각합니다.

김⌐ 여론조사에서 '이름을 빼달라고 하는 게 어떠냐?' 이런 질문을 받으셨을 때 그게 더 호들갑을 떠는 것 같다고 이렇게 하셨어요.

한⌐ 지금도 그렇게 생각합니다.

김⌐ 반기문 UN 사무총장이나 윤석열 검찰총장이 현직일 때는 여론조사에서 빼달라고 요청했는데, 판단이 이렇게 다르신 이유가 소신 때문입니까, 아니면 결국 '내가 정치를 하게 될 것 같다'라는 운명적 예감 때문입니까?

한 』 저에 대해서 과한 관심 같습니다.

김 』 아니, 본인이 왜 안 빼달라고 했냐고 물어봤는데 왜 갑자기 관심이라는 말씀을 하십니까?

한 』 아니 의원님께서 좀 과하게 관심을 가져주신다는 말씀이고요, 제 입장은 충분히 말씀드린 거라고 생각합니다.

김 』 윤 대통령이 어차피 정치를 할 거면서 총장 시절에 조사에서 빼달라고 한 것이 한 장관 말대로 오히려 호들갑이었던 것 같다 이런 생각인데 그 공직을 도박하듯이 거는 건 안 된다, 이렇게 국회에서 답변하시는 것을 제가 보면서 공직 의식이 굉장히 강한 분이구나 이렇게 느꼈는데 맞게 본 겁니까?

한 』 아까 말씀드린 것처럼 공익을 위해서 일해야 된다는 생각을 가지고 있습니다.

김 』 장관직을 포함해서 뭐든지 다 걸겠다, 근데 또 이렇게 말씀하면서 직을 걸기도 하셨어요, 발끈하면 말이 왔다 갔다 하기도 한다, 이게 한동훈의 캐릭터입니까?

다시, 김민석

한 ╝ 저는 민주당이 제게 사과해야 된다는 말씀을 다시 한번 드리고 싶습니다.

김 ╝ 제가 한동훈 장관이 '이렇게 얘기했다가 저렇게 얘기했다'라고 하는 캐릭터를 여쭤봤는데요. 좀 다른 방식으로 답변하는 건 굉장히 능하시네요?

한 ╝ 사과하실 의향은 없으신지, 다시 한번 묻고 싶습니다.

김 ╝ 채널A 사건 수사를 받을 때, 수사팀의 공정성이 의심받고 있다면 그 팀으로부터 수사를 받을 수 없다는 상식적인 요구를 하시면서 변호인 입장을 내시고 조사를 거부하셨었어요. 그때, 많이 억울하셨죠?

한 ╝ 의원님, 잘못 알고 계신데요. 저는 출석해서 조사를 받았습니다.

김 ╝ 변호인 입장이 나왔었는데, 변호인과는 상의 전혀 안 하고 그런 입장이 나왔나요?

한 ╝ 입장보도를 잘못 보신 것 같습니다. 제가 출석 일자를 조율하는 과정에서 나온 얘기고요. 출석을 바로 했습니다.

김 ╝ 그러면 수사가 불공정하다고 여겨질 때 수사를 받을 수 없다고 볼 수는 없다, 무조건 받아야 된다고 생각하십니까?

한 ╝ 저는 출석해서 제 입장을 밝혔습니다.

김』 결국은 무혐의 처분을 받아서 물은 겁니다. 불공정하다고 거부할 수도 있고 비번 해제가 불필요하다 생각하면 비번 해제를 거부할 수도 있고 그런 거 아닌가요?

한』 이재명 대표도 그렇게 하셨지 않습니까?

김』 본인 얘기를 물어보면 다른 사람 얘기를 하는 게 습관이신가 봐요?

한』 아닙니다. 의원님도 지금 보면 일반론을 말씀하시면서 저를 비난하고 싶어 하시는 거잖아요.

김』 '수사받는 당사자가 쇼핑하듯이 수사기관을 선택할 수 있는 나라는 민주법치국가 중에는 없다'라고 말씀하셨어요.

한』 동의하실 것 같습니다.

김』 검찰을 못 믿겠으니까, 대장동 특검을 하자고 하니까, 하신 답변인데 불공정한 검찰 수사나 비번 해제 요구를 한 장관이 거부하면 상식이고 상대가 거부하면 쇼핑이고 부당한 겁니까?

한』 질문이 잘못되었습니다. 제가 받은 요구는 저는 거기에 대해서 제 헌법적인 권한을 행사한 것이고요. 거기에 따라서 무혐의 처분을 받은 것이죠. 저는 오히려 문제를 제기하고 그렇게 정치적으로 이용했던 민주당이……

김』 야당 대표가 검찰수사에 대해 문제제기를 하는 것은 헌법적인 권리가 아닌가요?

한』 제가 시끄러워서 잘 못 들었습니다. 다시 말씀해 주시겠습니까?

김』 넘어가죠, 뭐 들으셔도 어차피 답변을 잘 못 할 것 같아요. 야당 대표에 대한 검찰 수사가 공정하냐는 여론 조사를 하면 평균 50% 이상이 '불공정하다'고 답이 나오는 건 알고 계시죠?

한』 의원님, 죄는 증거와 팩트로 정하는 것이지 여론조사를 정하는 것이 아닙니다.

김』 내가 지금 여론조사 물었잖아요. 장관님!

한』 의원님, 제가 의원님의 질문의 프레임 안에서만 답해야 하는 것은 아니죠.

김』 수사에 대한 국민의 반응을 물었어요.

한』 국민들 반응을 저한테 화를 내실 일은 아니구요.

김』 오만하게 대답하지 마십시오. 국민의 50%가 그렇게 생각하는데 그게 잘됐냐 못됐냐를 물었다면 국민의 판단에 대한 본인의 의견을 말하는 것이 양식이 있는 자세입니다.

한』 지난 정부 초반에 소위 말하는 적폐수사를 제가 전담했었거든요. 그때 굉장히 응원하셨던 걸로 기억합니다. 입장이 바뀌신 이유는 뭔지 제가 오히려 묻고 싶습니다.

김〗 이명박 전 대통령이 2008년에 무혐의를 받고, 2018년에 유죄를 받은 이유가 '권력이 무서워서 입을 닫았던 증인들이 나중에야 사실대로 말해서다'라고 어제 말씀하셨죠?

한〗 그렇게 볼 수 있는 측면이 있습니다. 제가 직접 관여했었으니까요. 그런 점이 있었습니다.

김〗 권력자가 권력을 놓고 10년 후에 진실이 밝혀졌지만 그것도 대한민국의 사법시스템이 작동하는 증거라고 어제 말씀하시는 것도 제가 들었어요.

한〗 그렇게 생각합니다.

김〗 권력자의 범죄가 10년이 지나서야 밝혀지는 게 좋은 시스템입니까?

한〗 그래서는 안 되지만 그나마 나중에라도…….

김〗 그게 유일한 시스템입니까?

한〗 항상 사법시스템이 시기마다 모두 정답을 내지는 않습니다. 그렇지만 상황에서 시스템에 맞춰서 운용되는 것이고요.

김〗 닉슨, 레이건, 클린턴, 트럼프, 바이든 모두 현직일 때 특검 수사 받았죠. 미국이든 한국이든 권력층 범죄를 10년 동안 묻어주지 않고 공정하게 수사하자는 게 시스템의 취지죠. 영어 잘하시니까 미국에 대해서 잘 아시잖아요. 제 프레임대로 답변하기 싫으면 다른 말씀 하세요.

한 』 영어 잘한다는 답을 원하신 건가요?

김 』 아니 이게 특급 시스템이고 유일한 시스템이냐, 10년 묻어두는 게 좋은 시스템이냐는 질문이었잖습니까?

한 』 증거와 팩트에 따라서 시점에서 최선을 다하는 시스템입니다.

김 』 '표를 더 받았다고 죄가 없어지면 민주주의가 아니다'는 한동훈 장관의 명언 맞죠?

한 』 동의 안 하십니까? 동의하실 것 같은데요.

김 』 저는 동의도 하구요, 말을 듣고서 대통령 부인 수사 지연에 대해서 말씀하시는 줄 알고서 '역시 한동훈이다'라고 생각했는데, 아니더라고요. 선거에 이겼다고 야당은 100대를 때리고 대통령 부인은 한 대도 안 때리고, 수사도 안 한다는 여론이 조사마다 50%를 넘는데 그렇게 보는 국민이 바보인가요?

한 』 거기에 대해서 사법시스템에 따라서 처리되면 될 문제입니다.

김 』 오늘 이미 뭐 그냥 몇 가지 질문으로 피해가시는 걸로 질문은 충분히 다 했다고 봅니다. 혹시 한적한이라는 말 들어보셨습니까?

한 ⏌ 말씀해 주시면, 제가 잘 듣겠습니다.

김 ⏌ 한 장관의 말이 부메랑이 돼서 한 장관의 적이 될 거라는 뜻인데 아마 오늘부터 듣게 되실 겁니다. 'UAE의 적은 이란이다'라는 대통령의 발언에 외교적 문제가 없는가 국무위원으로서 한번 판단해 보시죠.

한 ⏌ 저는 언론을 볼 게 아니라 말씀하신 내용 자체에는 틀린 말은 없었다고 생각합니다.

김 ⏌ 진짜 중요한 건 그 다음인데요. 화면 한번 다시 볼까요? 한국해운협회에서 대통령 발언 직후, 중동 지역 한국 선박들에게 조심하라고 주의 전문을 보냈습니다. 대통령이 사고를 쳤다고 생각하고 불안했다는 증거인데요. 아니라고 할 수 있습니까?

한 ⏌ 외교적으로 해결할 문제이긴 합니다만 대통령이 말씀하신 내용 자체에서 전 특별히 잘못됐다고 생각하지는 않습니다.

김 ⏌ 선박협회의 불안도 굉장히 그분들이 잘못이 있는 거네요?

한 ⏌ 그렇게 말씀하실 문제는 아니죠.

김 ⏌ 법무부장관에게 묻겠습니다. 우리 국민이나 배가 앞으로 중동 지역에서 피해를 입었을 때, 배경이 이번 윤 대통령 발언이었다라고 해서 국가에 대해서 생명 및 재산에 대한 피해요구 소송이 생길 경우에 책임을 국가가 져야 하는지 대통령 개인이 져야 하는지 법무부장관으로서

설명해 주십시오.

한 』 의원님, 그런 일은 있어서는 안 되는 일이라고 생각합니다. 그걸 미리 지금 국민이 피해가 날 것을 가상해서 질문하시고 답하는 것은 부적절하다고 생각합니다.

김 』 일어날 수 있는 일에 대해서 미리 고민하는 것이 국무위원이 미리 하는 일입니다. 발언이 아무 문제가 없다고 하는 사람을 지성인이라고 보기는 어렵습니다. 국민의 관심을 받는 분으로서 지성, 소신, 외교적 측면이 무엇인가 좀 깊이 고민하는 시간을 갖기 바랍니다.

한동훈 법무부장관에 대한 대정부질문(23. 02. 08)

대한민국의 헌법과 정체성을 짓밟은 윤석열식 3자변제안을 탄핵한다

다시 3.1 항일투쟁 정신으로 헌법과 민족자존수호를 위한 범국민적 단일대오로 뭉쳐, 윤석열식 3자변제를 원천무효화하고 대일(對日)구상권을 행사할 것을 국민의 이름으로 천명합시다. 대통령에겐 헌법정신을 배신한 데 대한 민심의 탄핵을 두려워하기를, 미국-경찰-여당에겐 시대의 흐름과 대한민국의 미래를 깊이 성찰하기를 권합니다. 3.1정신을 계승하는 책임정당 민주당은 단결하고 혁신하여 민족자존과 민생해결에 앞장서야 합니다. 3.1정신수호 국민운동본부 결성을 제안합니다.

일제하 강제동원에 대한 윤석열식 3자변제 해법은 헌법위배로 원천무효이며, 대한민국과 대한국민(大韓國民)은 잘못된 3자변제에 대한 구상권을 행사할 것입니다.

다시, 김민석

일제의 무력행사에 의한 한일합병조약은 불법이자 원천무효입니다

이는 고종의 을사늑약 무효선언과 순종의 한일병합조약 서명거부에서 드러나는 역사적 사실이고, 한일합병조약을 부정하고 3.1운동을 계승한 대한민국 헌법의 대전제이고, 일제침략에 의한 조선민중의 노예상태를 인정한 1943년 카이로선언과 1945년 포츠담선언의 기본정신이며, '일제의 불법지배에 의한 법률관계 중 대한민국 헌법정신과 양립할 수 없는 것은 모두 무효'라는 대한민국 헌법재판소와 대법원의 반복된 판결의 결론입니다. 따라서 불법지배에 대한 배상문제가 해결되지 않으면 그것은 필연적으로 계속 제기될 한일간의 영속적 과제입니다.

1948년 UN의 승인을 받은 대한민국은 1952년에 미군정에서 벗어나 그제서야 국가적 권리를 회복한 일본이 승전연합국들과 맺은 샌프란시스코조약에 당사자로 참여하지 않았고, 따라서 샌프란시스코조약에 구속될 이유 없이 일본에 대한 권리를 유지하였습니다. 즉 샌프란시스코조약은 대한민국의 국가적, 국민적 요구를 제약할 수 있는 국제법적 기준이 결코 아닙니다.

1965년 한일청구권 협정으로 한일 양국이 국민을 보호하는 외교적 보호권이 종료된 이후에도 일제침략기의 불법행위에 대한 대한민국 국민의 개인청구권은 살아 있습니다. 1965년 일본의 외무대신 시이나 에쓰사부로의 발언에서도, 일본의 국제법 최고전문가로 현 국제해양법재판소장인 야나이 순지가 1991년 일본 외무성 조약국장 자격으로 했던 발언에서도, 2018년 고노 다로 일본 외무상의 발언에서도 누차 확인된 확고한 사실이며 진실입니다. 1965년 한일협정은 개인청구권뿐 아니라 '불법지배에 따른 일체의 요구' 또한 담아내지 못한 미완의 성격을 갖고 있습니다.

이런 명료한 역사적, 국제법적 근거 위에 내려진 2018년 대한민국 대법원의 일제강제징용 피해자에 대한 배상확정 판결은 대한민국의 헌법정신, 나아가 개인의 손해배상 청구권을 존중하는 국제법의 현 추세에 부합합니다. 강제징용 피해당사자들의 3자변제 수용거부는 3자변제기금을 공탁하려는 꼼수조차 법적으로 원천무효화했고 실제로도 불가능하게 할 것입니다. 결국 윤석열식 해법은 어떤 차원에서도 원천무효로 구상권 청구의 필연적 과정을 거쳐 허망한 물거품이 될 것입니다.

이처럼 윤석열식 3자변제안은 일본정부의 사과도 없고, 피해당사자의 동의도 없고, 죄 없는 한국기업에게 배상금을 물려 결국 사실상 한국국민에게 배상책임을 전가시키는 희대의 반역적 패륜입니다. 가해자의 책임을 묻는 대법원판결을 부정하고 피해국의 기업에 책임을 대신하게 하여 사실상 피해국의 국민에게 책임을 돌리는 사법부정과 국정문란에 대해 대통령은 어떻게 책임을 지려 하는 것입니까?

주권자인 국민과 헌법기관인 국회가 즉각 원천무효 및 구상권 행사 의지를 선언해야 합니다

일본정부에 대한 대한민국 국민의 배상요구권은 엄연히 살아 있습니다. 윤석열 대통령과 기시다 총리 두 사람이 기만적 3자변제 해법으로 어떤 약

다시, 김민석

속을 하든, 윤석열 대통령이 '징용의 재점화는 없다' 또는 '구상권 행사는 없을 것'이라는 개인적 발언을 몇백 번 하든, 근본적으로 무의미한 이유는 일본범죄기업에 대한 구상권이 대한민국과 대한민국 국민의 국가적 권리로 시퍼렇게 살아 있기 때문입니다. 윤석열-기시다 정상회담이 진행되는 시점에 향후 3자변제 기금에 대한 구상권 행사 의지를 보다 명확히 국내외에 천명하기 위해 대한민국 국회 결의안, 국회 다수당인 민주당 의원총회 결의안, 구상권행사 결의 및 촉구 전국민서명운동 개시를 제안합니다.

일본 측의 주장처럼 한국의 입장이 국제법적 근거 없이 정부가 바뀔 때마다 바뀌는 것이 아니라, 지금까지와 마찬가지로 앞으로도 헌법과 국제법, 역사적 사실의 기초 위에 일관되게 대법원판결의 기조를 유지할 것이라는 점을 일본과 세계에 선명히 보여주어야 합니다. 그것은 대통령이 훼손한 국격과 외교의 원칙과 실익을 지키는 국민행동이 될 것이며, 식민지배 책임을 묻는 세계국제법의 역사에서도 큰 의미가 있는 K-민주주의의 사례가 되어, 3.1운동과 4.19, 광주민주화운동처럼 세계사의 평가를 받게 될 것입니다.

헌법을 준수하지 않는 대통령은 국민을 대리할 자격이 없습니다

진정한 사과와 피해자 동의 없이 한국 국민을 기만하는 윤석열-기시다는 김대중-오부치와 근본이 다릅니다. 김대중-오부치 정신은 '사죄의 공식화'와 '야스쿠니 전범 분사'를 토대로 하는 것이며, 이런 내용이 전혀 없이 말로만 미래를 열겠다는 것은 결국 일본제국주의 세력의 후예인 신군국주의 세력과 신친일세력의 미래를 열겠다는 것일 뿐입니다.

대통령은 취임할 때 헌법 69조에 따라 헌법준수를 선서합니다. 대한민국 대법원 판결을 부정하고, 피해자의 권리에 대한 일체의 법률을 부정하고, 결국 한일합병조약 원천무효론에 입각한 대한민국 헌법을 부정하는 대통령은 이미 법적으로 탄핵사유에 해당한다는 지적이 분출하는 것은 당연하고 상식이며 민족혼이 살아 있음을 보여주는 증거입니다. 대한민국의 헌법과 법률과 역사와 정체성을 부정하는데 어찌 대통령의 자격이 있고, 국민에 대한 외교적 대리권이 성립하겠습니까? 피해자 동의 없는 위헌적 3자 변제안의 근본적인 법률적 하자는 대법원 판결을 뛰어넘는 어떠한 특별법적 시도로도 치유되지 못할 것입니다. 나아가 향후 대일외교에서 대한민국이 불리해지는 근거를 스스로 만들자는 것이니 이런 국익훼손이 또 어디 있겠습니까?

1998년 김대중-오부치 선언은 내각을 대표한 일본 총리의 '식민지배에 대한 통절한 반성과 사죄'를 문서화했고, 한국의 일본문화 개방으로 한일 문화교류의 미래를 열었으며, 세계적인 한류바람의 기초가 되었습니다. 오부치 총리는 14명의 A급 태평양 전범이 합사되어 있는 야스쿠니 신사 참배를 자제했고, 고이즈미 총리는 2001년 한일정상회담에서 '세계 모든 사람이 부담 없이 참배할 수 있는 방식으로 야스쿠니 신사를 개선'할 것을 약속해 사실상 야스쿠니에서 전범들을 분리할 것을 약속했으며, 김대중 대통령은 퇴임 후 다시 야스쿠니 신사 전범 분사를 촉구했습니다. 이것이 바로 김대중-오부치 선언 정신입니다.

기시다 총리는 오부치 총리와는 정반대의 길을 가고 있습니다. 사과는

다시, 김민석

커녕 역대 내각의 입장을 포괄적으로 계승한다고 하여, 오히려 식민지배와 위안부 및 징용의 강제성을 부인한 '2012년 아베선언'을 살려내고 '1998년 오부치 선언'을 폐기하는 외교기만극을 벌이고 있습니다. 대부분의 일본 총리가 다 해온 일제침략에 대한 사죄는 거부하면서, 역대 내각의 입장을 다 승계하겠다는 꼼수를 부려 오부치선언과 아베선언을 다 계승한다니 '이토 히로부미와 안중근을 다 계승한다'는 헛소리가 아닙니까? 윤석열 대통령이 일방적으로 일본이 한국의 이웃이라는 경축사를 발표한 2022년 8월 15일 기시다 총리는 야스쿠니 신사에 공물료를 봉납하기까지 했습니다.

한국 국민을 능멸하고 외교 기만을 행하는 기시다 총리와, 자국 국민에 대한 기만극에 사이비 주연을 자청한 윤석열 대통령을 어찌 김대중-오부치와 비교하겠습니까? 윤석열-기시다 조는 김대중-오부치 팀의 역사적 성과를 무너뜨리고 한일관계의 건강한 미래를 망치는 역대 최악의 엉터리 불평등외교를 했습니다. 김대중-오부치를 거론하려면 기시다 총리의 공식 사죄, 야쓰쿠니 전범 분사 약속부터 해야 합니다. 그것이 김대중-오부치 선언의 최소한의 전제이며, 윤 대통령이 이번 정상회담에서 반드시 꺼내야 할의제입니다. 예나 지금이나 대부분의 일본 국민들은 선량하며 한일관계는 소중히 발전시켜야 하지만, 일본정치권에 전해 내려오는 제국주의와 군국주의의 경향에 대해서는 절대 타협하지 말고 싸워야 합니다. 그것은 결코 양보할 수 없는 대한민국의 정체성이자 민족혼의 일부입니다.

대통령이 헌법과 법률, 국민의 의사를 짓밟고, 국민의 고통을 해결할 의사가 없이 일본정부를 대변하고 대리한다면 어찌 민심의 탄핵, 헌법정신의 탄핵을 피하겠습니까?

일제 피해의 마지막 생존자들이 "대통령은 옷 벗라 하고 싶다", "나라가 아니라 원수들이다", "굶어 죽어도 3자변제 배상금은 절대 받지 않겠다"고 절규하고 계십니다. 이태원에서 무고하게 아들딸을 잃은 부모 앞에 행안부장관 사퇴조차 거부해 국민을 절규하게 한 대통령이 이제는 피눈물 나는 민족의 수난사를 온몸에 아로새긴 할머니들의 마지막 시간조차 짓밟고 있습니다. 대한민국 외교부는 심지어 양금덕 할머니의 훈장수여까지 일본의 눈치를 보아 미루었습니다. 도대체 어느 나라 정부, 어느 나라 대통령입니까? 이번 3자변제 시도를 통해 대통령은 스스로 탄핵의 법률적 사유를 명백하게 만들었습니다.

역사는 이번 3자변제안 마련과 결정의 전 과정에서 대통령과 외교장관, 국가안보실장을 포함한 모든 관련자의 역할을 주목하고 확인하고 평가하고 엄중히 심판할 것이며, 국회는 반드시 국정조사를 통해 모든 기록과 증언을 명료히 남겨놓아야 할 것입니다. 대통령이 사실상 과거 일제의 논리와 현재 일본정부를 대리한다면, 헌법기관인 대한민국 국회만큼은 여야를 넘어서 국민의 뜻을 대리하고 대변해야 합니다. 헌법과 민족혼을 짓밟는 보수가 과연 진짜 보수라 할 수 있습니까? 엄중한 민생과 경제 앞에서 번번이 법치주의를 내세우는 대통령은, 정작 스스로 헌법과 법률을 무시하는 난폭한 탈법적 무단통치로 분란과 갈등을 극대화하고 헌정문란으로 달려가는 어리석은 질주를 멈추어야 합니다.

다시, 김민석

민주선진국 대한민국의 미래를 위해 미국, 군과 경찰, 여당, 국민이 모두 숙고하고 변화해야 할 때입니다

 한미동맹은 대한민국 외교의 기본 축이고, 미국은 한국 국민의 뗄 수 없는 벗입니다. 그러나 모든 국가관계가 그렇듯 세계 최강대국 미국은 한국과의 관계에서 몇 차례 중대한 오류를 범했습니다. 100여 년 전 대한제국 시절, 미국은 제정러시아의 남하를 막는 구상을 펴며 대한제국에 대한 일제의 침략을 사실상 용인했다가 결국 진주만기습으로 일본에게 뒤통수를 맞았고, 해방 이후엔 미국과 소련의 냉전에 대응하는 구상으로 일본을 키우는 역(逆)코스를 통해 샌프란시스코조약과 한일협정 수립과정에서 일제의 책임을 미봉하는 데 일조했으며, 1980년 광주학살에선 미군 지휘권을 벗어난 한국군 동원을 용인했습니다. 최근 일본해와 동해 명칭 논란에서 보듯 여전히 미국의 한국과 일본의 역사 및 한일관계에 대한 인식은 대한민국의 자주와 민주에 모두 매우 중요한 영향을 미치며, 최근 미중(美中) 경제 신냉전 국면을 맞아 한국기업에 대한 미국의 각종 경제적 압박도 과도할 정도로 심해지고 있습니다.

 최근의 세계정세와 북한의 핵무장 등을 고려할 때 한미동맹은 지속적으로 발전되어야 하나, 그 과정에서 미국은 한일관계의 역사와 사실을 무시하고 일본의 잘못된 논리에 한국이 무조건 따르기를 바라거나 요구해선 안 됩니다. 대한민국은 100년 전 식민지도 아니고, 한국전쟁 당시의 가난한 나라도 아니며, 식민지에서 선진국으로 우뚝 선 유일한 국가이자 국제사회에서 분명한 역할이 있는 문화선진국이자 민주주의 선진국입니다. 무엇보다 아시아 최고의 민주주의 국가인 한국 국민은 이제 경제문제든 외교문제든 역사문제든 안보문제든 할 말은 하는 동맹국으로서 한미동맹과 미국, 대한민국을 기대합니다.

동맹과 불평등은 다른 것입니다. 대표적인 의회민주주의 국가인 미국이 대한민국 국민의 압도적 다수, 그리고 의회 다수당인 민주당이 이번 윤석열-기시다 합의에 동의하지 않는다는 분명한 사실을 간과하면 새로운 세계질서를 구축하는 시점에서 미국의 분명한 외교적 오류가 될 것입니다. 한국은 경제 신냉전하에서 미국과 함께 새로운 경제질서를 모색하면서도 과도한 미국일방주의에는 분명한 문제제기와 대안을 모색할 것이며, 이번 강제징용문제 해법 또한 그리할 것입니다. 한미안보동맹의 가치를 단단히 지키겠지만, 일본의 선을 넘는 무장강화와 대한민국 국익침해는 결코 용납하지 않을 것입니다. 문제투성이의 윤석열식 3자변제 해법에 대해 미국이 '적극적 지지표명'뿐 아니라 한국국민의 문제제기를 깊이 학습하는 자세를 보이기 바랍니다.

이제 한국에서 군사독재의 시대는 갔습니다. 군-안기부-국정원-치안본부 등이 국민과 맞서던 시절은 다시 못 올 것입니다. 박근혜 탄핵을 앞두고 군의 동원을 꿈꾸던 일각의 발상 자체가 비현실적으로 보이게 되었을 만큼 세상은 변했습니다.

경찰 또한 지난 수십 년간 4.19, 6.10 등을 거치며 권력의 압제도구를 벗어나 민생치안기관으로서 제자리를 찾아왔습니다. 그러나 정치검찰 세력의 통치로 상징되는 윤석열 정부 이후 몇 가지 우려할 상황이 주목됩니다. 정

다시, 김민석

치검찰 출신의 과도한 경찰 장악, 난폭한 길들이기식 경찰인사에 이어 최근 각종 집회에서 갈등과 충돌을 조장하고 방치하는 듯한 집회시위 관리가 핵심문제입니다. 문재인 전 대통령과 이태원 유가족 분향소에 대한 고성시위는 본질이 동일한 혐오와 공포의 테러입니다. 나아가 성격과 이념이 다른 대규모집회에 대해 분리를 원칙으로 해온 종래와 달리 사실상 '상대방 집회에 고성의 음향을 들이대고 방해하도록' 방치하고 조장하는 식의 집회관리는 시민들의 갈등과 충돌을 초래할 지극히 위험한 일입니다. 왜 이 정부 들어 경찰의 집회관리가 이렇게 바뀌었습니까? 해방 후 미군정하에서 잦았던 각종 집단충돌을 반면교사로 삼아야 합니다. 민주선진국으로 가는 마지막 고비에서 군과 경찰이 모두 선진국의 품격에 맞게 상황을 주시하고, 문제발생을 예방하는 지혜를 발휘해 주실 것을 강력히 당부드립니다.

여당인 국민의힘이 전당대회를 마쳤습니다. 대통령과 일사불란 코드를 맞추고 매달 두 번씩 당정회동까지 한다니 그 의욕은 이해하지만 문제는 현실입니다. 국내외 경제가 어려운 데다가 여당은 국회소수당입니다. 야당을 비난하는 것만으로는 경제가 살 수 없고, 시행령통치와 위법통치로는 총선까지 국정을 이끌 수 없습니다.

이재명 대표를 그토록 비난하던 김기현 신임대표가 이재명 대표를 찾은 것은 하루짜리 연극이 아니라면 국회의석 분포의 불가피한 반영이고, 진심이라면 올바른 선택입니다. 싸울 땐 싸워도 할 일은 하고, 합의도 하고, 통과시킬 법은 통과시켜야 합니다. 그러자면 최소한의 여야관계로 돌아가야 하며, 허구한 날 국회에서 사소한 일을 갖고 야유하는 모습은 사라져야 합니다. 어차피 통과도 안 될 야당대표 체포동의안을 갖고 2차니 3차니 해가며 질질 끄는 무의미한 일도 끝내야 합니다. 카이사르의 것은 카이사르에게 보내듯 검찰이 그리 자신 있으면 빨리 기소하여 재판은 재판대로 하면서 국회는 국회대로 굴러가게 해야 합니다. 아니면 매달 두 번 열리게 될 대통령과 여당 지도부 회동은, 도대체 여당은 국회에서 무엇 한 가지 처리 못하냐는 대통령의 꾸중과 함께 친윤 인사끼리 둘러앉아 야당 탓만 하는 한심한 봉숭아학당으로 전락하고 말 것입니다. 국민의힘 신임 지도부와 의원들께서 국가와 민생에 대한 책임감과 지혜를 발휘해주길 기대합니다.

대통령이 촛불과 탄핵으로 물러난 지가 엊그제인데, 국민이 다시 거리에 나선 지 벌써 몇 달입니다. 정치검찰통치가 쇄신과 반성은커녕 무능을 넘어 위헌과 위법의 낭떠러지로 치닫는 것 같아 참으로 걱정입니다. 대한민국 국민 어느 누가 정치적 갈등의 확대와 지속을 바라겠습니까? 그러나 이미 수많은 험한 산과 강을 건너온 대한민국 민주주의의 저력을 간과한 권력의 폭주가 계속된다면 시민양심의 행동과 결집은 누구도 막을 수 없을 것입니다.

특히 이번 강제동원 3자변제 문제는 민족정기와 정체성이 달린 참으로 중요한 민족적 문제입니다. 일제하에서 독립이 최고의 민생이고 민주이고 인권이고 경제였듯, 3자변제 문제의 올바른 해결 즉, 철회, 구상권 행사, 공식사죄 등에 기초한 새 해법 마련 등은 민생, 물가, 에너지 가격, 이태원 문제, 50억 판검사 문제, 대통령 가족비리 의혹 문제, 사법개혁 등과 함께 주요한 문제이자 가장 크고 중요한 핵심문제입니다. 국가와 헌법의 정체성이

다시, 김민석

걸린 문제이고 대한민국의 국제적 위상이 걸린 문제이기 때문입니다.

하여 모든 문제에 앞서 '헌법수호-민족자존수호-굴욕외교거부-한일합병조약 무효원칙준수-대법원판결존중-기만적 3자변제 해법 철회-3자변제 기금조성에 대한 구상권 행사' 등에 동의하는 모든 개인과 단체가 참여하는 가칭 '3.1정신 수호 국민운동본부(약칭: 3.1국본)'를 결성할 것을 모든 뜻있는 분들께 제안합니다. 이미 다양한 원로들의 제안과 국민의 행동이 이어지고 있으니 3.1국본 탄생은 충분히 가능할 것입니다. 일제에 맞서 이념과 입장을 떠나 모든 세력과 개인이 모였던 신간회처럼 국민의 민족자존과 헌법정신수호 의지를 하나로 모아야 합니다.

윗물이 탁해지니 온 나라가 탁해지듯, 대통령이 헌법정신에 반해 친일논리의 전도사가 되니 여기저기서 일장기가 휘날리고 민족정기가 약해지고 온갖 친일궤변이 판을 치기 시작했습니다. 이 정부의 실세라는 천공이 영상에서 "일본이 도대체 잘못한 게 뭐냐"고 하는 판이니 어쩌면 과거 친일 일진회의 후손, 신사참배에 무릎 꿇어 사실상 종교적 양심을 버리고 타락했던 친일종교세력의 정신적 후예들, 온갖 친일 잡신 숭배파들이 100여 년 만에 드디어 때가 왔다며 다 나설지도 모릅니다. 세종시에 휘날린 일장기에 항의하여 나서신 광복회의 어르신과 양금덕 할머니부터, 행주산성에서 돌을 나르던 나이의 어린이들까지 다 헌법과 국권수호 만세라도 부르는데 함께 나서야 합니다. 해방 후 뿌리 뽑지 못한 친일의 잔재와 논리를 이번에 뿌리 뽑아야 합니다.

민주당이 심기일전하여 혁신하고 단결하여 국민과 함께 국민의 앞에서 싸워나갑시다.

3.1정신을 계승한 대한민국 대표 민주정당인 민주당은 무엇보다 국민의 절박한 민생과제와 민족적 과제를 해결하는 데에 전력투구하면서 당내의 문제를 해결해가야 합니다. 당내갈등에만 시야가 갇히거나, 민생과 민족문제보다 당내문제를 우선시하거나, 목전의 어려움에 사로잡혀 큰 흐름을 놓치면 안 됩니다. 큰 흐름을 잡고 큰 싸움과 절박한 민생문제를 앞세우며 당내문제를 풀어가야 합니다. 치솟는 물가로 신음하는 국민의 고통, 아들딸을 잃고 통곡하는 이태원 유족의 아픔, 억울함에 절규하는 양금덕 할머니의 한을 끌어안고 정의와 공법의 실현을 위해 다 던져야 합니다. 단결을 최고가치로 하여 치열하게 국민 편에서 싸우고 국정과 민생을 위해 정부와 여당을 끌고 가야 합니다. 역사와 미래, 민족과 세계를 보는 바른 정치로 거듭나 현재의 복합위기를 돌파해야 합니다. 저부터 완전한 초심으로 돌아가 전력을 다하겠습니다.

2023. 03. 16
대한민국 국회의원 김민석

윤석열 정부 제3자변제안 반대에 관해 국회 동료의원들에게 전한 친전(23. 03. 16)

기시다를 세계 앞에 단죄합니다

윤석열과 기시다가 김대중과 오부치를 계승했답니다. 진짜입니까? 오부치는 사죄하고 신사참배를 자제했지만 기시다는 사과는커녕 적반하장, 위안부 독도문제까지 꺼냈답니다.

역대 내각 입장을 다 승계한다는 것은 위안부와 징용이 강제가 아니었다는 아베선언까지 몽땅 승계한다는 겁니다. 오부치와 아베를 다 승계한다? 이토 히로부미와 안중근을 동시에 승계하자는 것과 뭐가 다릅니까? 무슨 개수작입니까! 대한의 참모 중장 안중근은 동양평화를 명분으로 이웃 나라를 침략한 이토 히로부미를 조목조목 단죄했습니다.

저는 대한민국 국회의원으로서 기시다를 세계 앞에 단죄합니다.

한일합병조약이 불법무효라는 한국 헌법과 대법원 판결을 뒤집으려는 죄!
한일협정 후에도 개인배상청구권은 엄연히 살아 있다는 국제법을 부정한 죄!
사과를 하랬더니 독도까지 들먹이며 한국 국민을 2차, 3차 가해 모욕한 죄!
수출규제 음모가 실패하자 인심 쓰는 척, 규제해제 쇼를 벌인 양심 불량의 죄!
어쩌다가 좀 모자란 대한민국 대통령이 나왔다고 대한민국 국민까지 만만
하게 본 오만방자의 죄!

한일관계와 국제법의 미래와 정의를 위해 일본국 기시다 총리의 이상의
죄를 탄핵합니다!

대통령이 놀아났습니다. 모자란 건 알았지만 심했습니다. 왜 놀아났습
니까? 일본이 잘못한 게 뭐냐는 천공의 교시 때문입니까? 놀아난 정도가
아니고 앞장섰습니다. 왜 앞장섰습니까? 친일파가 다시 일장기를 휘날리
고, 세계 곳곳에서 소녀상을 없애버리고, 평화를 명분으로 일본이 재무장
하고, 이태원을 묵살하고 50억도 무죄되는 친일검사의 독재세상이 대통령
윤석열의 진짜 꿈이기 때문입니까?

양금덕 할머니의 절규가 너무 정당하지 않습니까? 그럴 거면 차라리 옷
벗고 내려와라! 헌법을 위반하고 국민을 짓밟는 대통령, 감히 독도를 들먹
이는 자에게 자리를 박차고 호통치지 못하는 대통령은 대한민국 국민을 대
리할 자격이 없습니다.

한일합병조약이 합법이라 우기던 100년 전 과거로 역사를 퇴행시킨 기
시다-윤석열 조야말로 한일양국 국민의 선량한 미래관계를 해치는 역사
의 죄인들이며, 스스로 탄핵의 역사적 당위와 법적 근거를 명료하게 만들

다시, 김민석

었습니다. 맞습니까?

이제 시작입니다. 위헌은 위헌을 낳고 위법은 위법을 낳을 것이며 숨겨졌던 것은 드러날 것이며 위헌·위법의 무단통치는 결국 무너질 것입니다. 무너져야 할 것은 무너뜨리는 것이 정의입니다.

대한민국 국민은 온갖 궤변으로 커밍아웃하는 극소수 신친일파를 결국 이겨내고 역사와 헌법을 지켜낼 것입니다. 기시다-윤석열이 오므라이스를 앞에 놓고 뭐라고 떠들든 한일합병조약은 원천무효이고, 대법원 판결은 여전히 유효하고, 대한민국 국민과 국회는 구상권을 행사할 것이고 당당하게 외교하고 안보하고 경제할 것입니다. 이 과정에서 대한민국의 역사와 헌법을 경시한다면 미국에게도 분명히 할 말을 하고 시정할 것입니다. 대한민국은 100년 전의 대한민국이 아닙니다. 그렇지 않습니까?

저는 20년간 바닥을 돌아와 이 자리에 섰습니다. 고 김대중 대통령께서 왜 이렇게 여러분을 부르셨는지 이제는 절절히 압니다.

존경하고 사랑하는 국민 여러분! 존경하고 사랑하는 국민 여러분! 버텨주셔서 감사합니다. 싸워주셔서 감사합니다. 모여주셔서 감사합니다. 통곡하는 이들과 함께 울어주셔서 감사합니다. 대한민국이 헤쳐온 정의의 길. 잠시 일탈했지만 더 강하게 회복될 것입니다. 이제 더 크게 하나가 됩시다. 국민이 이길 것입니다. 대한민국은 민주공화국입니다. 감사합니다.

대일 굴욕외교 규탄 광화문 거리연설(23. 03. 18)

영토 보전의 헌법적 의무를 어겼다면, 대한민국 대통령이라 할 수 없습니다

일제하 강제동원 3자변제 윤석열 해법에 대해 한일합병조약 원천무효론과 3.1운동 계승론에 입각한 대한민국 헌법전문 정신을 위배했으며 대법원 판결을 훼손한 삼권분립 위배를 사유로 대통령 탄핵의 법적 사유가 확보되었다는 법조계의 지적과 국민의 공감이 확산되고 있습니다.

그 후 일본에서 행해진 기시다-윤석열 만남에서, 기시다가 독도·성노예 문제를 언급했다는 일본발 기사가 났고, 정부 관계자들이 이를 명확히 부인하거나 일본언론에 항의 및 시정요구를 하지 못하는 등 여러 정황상, '기시다가 독도문제를 불시에 꺼내는 외교적 도발을 했고, 대한민국 대통령이라면 마땅히 했어야 할 강력한 규탄과 반발의 대응을 못했음'이 사실상 분명해지고 있습니다.

다시, 김민석

인용한 NHK 정치매거진 기사에는, 기시다가 독도·위안부(일본측 표현) 문제를 언급한 것을 명시했고, 기시다는 기자회견에서도 "서로(일방적이 아니라 서로) 흉금을 트고 얘기"한다는 입장을 밝혔습니다.

독도문제가 논의된 정황에 대해 명명백백히 밝혀야 합니다. 대통령과 대통령실이 투명하게 공개하고 일본언론 기사를 해명하고 시정 요구하는 등 필수적 후속 조치를 하며 국회는 국정조사로 즉각 밝혀야 합니다. 보도가 사실이라면 외교부장관을 넘어 대통령 탄핵을 누구도 반대하기 어려운 사안입니다. 헌법 66조 2항은 대한민국 대통령에게 영토보전의 의무를 지우고 있기 때문입니다.

친일언론이 아니라면 대한민국 언론도 다 나서서 밝혀야 합니다. 일제에 감사하자는 천공 친일사상의 노예들 말고 어느 대한국민이 용납하겠습니까? 사죄를 요구받는 자가 감히 독도문제를 꺼내 도발하다니 말입니다. 만일 그 현장에서 폭탄주를 들이켜며 대답도 하지 못한 채 침묵했다면 역사와 헌법과 국민이 반드시 탄핵할 것입니다.

여야 국회의원 공동으로 기시다-윤석열의 독도 논의가 있었다고 보도한 NHK 등 일본 언론사에 항의·시정을 요구하는 성명(굳이 결의안까지 가는 것도 국격에 안 맞는 듯합니다.)을 내자고 민주당에서 김기현·주호영 등 국힘 지도부에게 공식제안해야 합니다. 그 제안에 응하지 않으면 국민의힘 의원들은 국회의원으로서의 명분과 자격을 상실할 것입니다.

대한민국 정부가 시정·항의를 안 하면 대한민국 국회라도 해야 합니다. 대통령실이 오보라니 못 할 게 무엇입니까? 그래도 일본언론보다는 한국 대통령실 해명을 근거로 우선 가야 합니다. 국제법상 독도에 대한 일본측의 어떠한 외교적 시비와 도발에 대해서도 명확한 국가적·국민적 반론을 남겨놔야 합니다. 정부와 대통령실이 부인하고 실제 시정행동은 회피하고 있으니, 헌법기관인 국회가 끝까지 물고 들어가 끝까지 압박하고 명료히 해야 합니다.

영토보전 의무를 버리려 하는 정부여당은 결코 도망 못 가게 해야 합니다. 대한민국 정당이나 국회의원이라면 반드시 해야 합니다. 헌법적 의무를 버린다면 대통령은 탄핵, 정당은 해산돼야 합니다. 언론도 마찬가지입니다. 국민의 자격에 관한 문제입니다. 민주당 원내대표 등이 국민의힘에 공식제안할 것을 요구합니다. 오보였다면 항의가 상식이고 정상이고, 오보가 아니라면 물러나는 게 정상입니다.

페이스북(23. 03. 22)

다시, 김민석

여의도 글로벌 뉴타운
10대 비전

존경하는 영등포구민 여러분, 서울시민 여러분.

2021년은 대한민국의 정치경제를 움직여온 서울의 맨해튼, 여의도의 역사에 중대한 이정표가 될 것입니다. 지난 서울시장 보궐선거에서 여야 후보는 지은 지 근 50년에 달하는 여의도 노후 아파트 단지의 재건축을 공약하였습니다. 여의도의 노후 아파트는 거주민의 재산권 차원을 넘어 공동체가 함께 걱정해야 할 심각한 안전문제가 되고 있습니다.

노무현 전 대통령의 행정수도 공약 20년 만에 세종국회의사당 설치가 여야합의로 어제(9.28) 통과되었습니다. 국회의장은 세종의사당이 국가균형발전의 핵이 되리라 평가했고, 효율적 국회 운영은 새로운 숙제가 되었습니다.

여의도 출신의 국회의원, 구청장, 시의원인 우리 세 사람은 여의도의 오늘과 내일에 대한 무한책임감으로 이러한 상황변화와 지난 9월 16일 국회 대정부질의에서 김민석 의원이 제시한 여의도 핀테크·바이오 허브전략에 따라 여의도를 글로벌 뉴타운으로 리셋(재구조화)하기 위한 10대 비전을 제시합니다.

__1__ 여의도는 친환경·스마트·초고층 주거지역으로 신속히 재건축되어야 합니다.

강남, 광화문과 함께 서울의 3대 도심인 여의도는 신재생에너지 사용과 탄소중립 등 친환경 재건축이 요구되는 시대상황에서 에너지 제로, 쓰레기 제로, 자율주행시범지구, 베리어프리시범지구 등 최첨단 스마트재건축이 가능하며, 대한민국 최초로 재건축상 용도지역을 준주거 상업지역으로 변경함에 따라 초고층(최고 70층) 재건축이 가능하므로, 친환경·스마트·초고층의 3대 원칙으로 재건축되어야 합니다. 최근 그린스마트스쿨 논란이 있었던 초중고는 수변문화시설과 결합된 최적의 위치와 형태로 재건축되어야 하며, 국제금융·바이오지구를 지원하는 공공문화체육시설과 국가적 랜드마크가 함께 들어서야 합니다.

여의도 재건축에 대한 서울시의 투명하고 신속한 계획 발표와 주민참여 보장을 요청합니다.

__2__ 그간 국회의 존재로 인해 서여의도 지역에 부과되었던 54m 고도제한

은, 국회 이전과 금융바이오허브 발전전망에 맞춰 단계적으로 정상화되어야 합니다.

3 세종의사당 추진이 합의된 상황에서, 국회와 행정부의 가장 효율적 운영방안은 결국 세종의사당 신축과 여의도 국회 전면이전을 최대한 신속히 진행하는 것입니다. 세종의사당은 세계 최고의 디지털 국회로 조기완공하고 여의도 국회는 바이오·핀테크의 허브로 전면전환해야 합니다.

강남(2019년 현재 74개)에 이어 핀테크 기업체 수 전국 2위(2019년 61개)의 핀테크·신금융 허브 최적지이며 글로벌 접근성과 금융 접근성을 갖춘 점에서 오송, 송도, 판교, 마곡, 대구 등 국내 바이오 클러스터들을 연계할 바이오허브로서도 최적지라는 바이오 전문가들의 평을 듣고 있습니다. 국회의 세종 이전 후, 현 여의도 국회의 의원회관은 300개의 바이오·핀테크 스타트업랩으로, 본청은 컨벤션센터로, 도서관은 데이터센터로, 마당은 시민공원으로 전환해야 합니다.

이상의 실현을 위해 세종시와 여의도부터 시작해 전국민서명운동을 전개하고 국회와 정부에 국회 조기이전을 요청하겠습니다.

4 K-바이오 원스톱센터를 즉각 설립해야 합니다. 지금부터 6개월에서 1년이 코로나19 집단면역 달성 이후, K-방역의 국제적 성과를 K-바이오 도약으로 연결시킬 골든타임입니다. 글로벌 바이오백신허브 지정, 글로벌 바이오백신포럼 개최, 글로벌 백신·면역대학 설립, 국내 바이오클러스터 연계망 형성이 당면한 필수과제입니다. 국회 이전을 통한 바이오허브 조성 이전이라도 우선 K-바이오 원스톱센터를 여의도에 신설하여, 국내 바이오

클러스터를 연계하는 글로벌오피스, 글로벌 백신·면역대학(가칭: 이종욱 스쿨), 면역·백신 전문병원을 배합한 복합공간으로 조성해야 합니다. K-바이오 원스톱센터의 최적지로 그간 공공복합 레지던스 부지로 검토되어온 여의도 성모병원 옆 LH부지를 제안하며 필요시 영등포구가 공공임대 대체부지 확보방안을 중앙정부와 협의하겠습니다.

바이오원스톱센터의 추진을 위해 보건복지부, 서울시, 국토부에 협조를 요청합니다.

5 산을 잃은 여의도에 친환경 인공산(가칭: 여민산)을 조성하여 시민에게 돌려드려야 합니다. 1975년, 여의도에 국회를 지으면서 과거 양과 말을 키우던 양말산을 없앤 뒤, 영등포구는 서울에서 유일하게 산이 없는 자치구가 되어 구민에게 피해를 안겨왔습니다. 아크로스 후쿠오카(팔백 계단에 나무 수만 그루를 식재하고 음악당과 국제회의장 등을 배치해 도시의 오아시스로 불림)나 오사카 난바파크(도심 내 30층 높이의 구릉지형 공중정원) 같은 친환경 인공산을 현 여의도공원의 수변부에 조성해 국가적 랜드마크로 재구조화해야 합니다. 이와 함께 여의도공원을 GTX-B, 도심공항터미널, 복합환승시설이 결합된 24시간 앵커형 도심공원으로 재구조화하되, 민자사업도 적극 검토해야 합니다.

서울시 공공개발기획단의 관련 용역을 신속히 처리할 것을 요청합니다.

6 샛강생태공원을 산림청 등과 공동으로 생태친화형 치유·힐링 숲으로 정비하되, 영등포구민과 서울시민이 참여한 민관합동 거버넌스를 운영주체로 세워야 합니다. 서울시와 정부에 샛강 시민거버넌스 구성을 제안합

니다.

7 국회 주변 서여의도의 한강변 일대에, 서울시와 영등포구의 청소년을 위한 친환경 승마·조정·요트 등 3대 체육 체험장을 조성하겠습니다. 누구나 승마, 누구나 조정, 그리고 태양열 친환경의 누구나 요트는 영등포의 보통 청소년 모두에게 최고의 문화 경험을 제공할 것이며, 서울과 전국으로 확산될 좋은 모델이 될 것입니다.

8 여의도 글로벌 시민대학을 조성하겠습니다. 영등포구는 김민석 의원이 제안하고 입법화한 온국민평생장학금제도의 시범사업을 서울 최초로 시작하였습니다. 나아가 구 MBC부지 3층의 기부채납지 100여 평에 최첨단 평생교육공간을 2년 내에(2023) 조성하고 외부전문가를 포함한 추진위원회를 즉시 구성하여 평생교육의 새로운 시대를 선도하겠습니다.

9 베리어프리·쓰레기프리 여의도를 선언합니다. 새로 조성되는 여의도 글로벌 뉴타운은 고령자와 장애인 등 사회적 약자의 천국이 되어야 합니다. 아파트·상가·공공시설의 물리적 장벽과 도시운영의 제도적 장벽을 허물어 차별의 심리적 장벽을 없애고 쓰레기 문제 해결을 위해 시민참여와 최첨단기법이 작동되어야 합니다. 재건축 이전인 지금부터 배리어프리와 쓰레기프리를 위한 특별사업을 주민과 함께 시작하겠습니다.

10 주민참여와 민관합동 거버넌스로 이상의 과제를 실현하겠습니다. 우리 세 사람은 기자회견, 주민설명회, 지역언론 홍보를 통한 주민소통과

함께 재건축관련 주민협의회를 적극 가동하며, 정치색을 배제한 여의도비전추진위를 구성하여 주민의 뜻과 힘을 모으겠습니다.

여의도 글로벌 뉴타운 10대 비전 추진은 여의도를 넘어 서울의 강남북 균형발전과 글로벌 선도도시로의 도약, 국가균형발전과 새로운 도시운영모델 제시의 신선한 촉진제가 될 것입니다. 주민과 시민 여러분, 서울시와 중앙정부의 관심과 협력을 부탁드립니다. 감사합니다.

2021. 09. 29
국회의원 김민석

「여의도 글로벌뉴타운 10대 비전」추진을 위한 기자회견(21. 09. 29)

다시, 김민석

정책위의장 김민석

의회민주주의를 무시하는 윤석열 정권에 맞서 국회 다수당이자 제1 야당인 더불어민주당의 정책위의장으로서 민생을 지키는 임무를 맡았습니다. 다음은 정책위의장으로서 했던 말과 글들입니다.

민주당 르네상스

저는 오늘 민주당 정책위의장으로서, 2024년 총선까지 1년간 민주당의 정책방향을 밝히고자 합니다. 민주당의 정책, 조직, 당무, 전략 전반을 종합적으로 재정립하는 (가칭) '뉴민주당 플랜'에 대해서는 적절한 시기에 당대표 차원의 발표가 있으리라 기대하면서, 오늘은 정책정당으로서의 재도약을 위해 정책 분야에 국한한 〈민주당 정책 르네상스 10대 방향〉을 말씀드리겠습니다.

1 '민생·민생·민생'의 기치하에 생계·생활 이슈 최우선 원칙을 지키겠습니다. 2023년 다보스포럼이 지적했듯 현재 전 세계의 최대 위험요소는 생계비 급등이기 때문입니다. 천 원의 아침밥, 학자금 대출부담 경감, 중기 산단 근로자 교통비 지원, 대출금리 인하 등 경제적 약자인 국민 각계각층

다시, 김민석

의 피부에 와닿는 생활정책을 계속 발굴하여 최우선과제로 삼겠습니다.

2 대통령과 여당이 거부권으로 민생입법의 발목잡기에 나선 상황에서 민심의 지지를 최우선시하는 국민중심 입법원칙을 견지하겠습니다. 국민이 원하고 지지하는 법은 과감히 추진하겠습니다. 민주당이 주도하는 입법에 대한 국민적 지지를 얻기 위해 각종 정책토론을 활성화하겠습니다.

우선 국민의힘에 양당 정책위의장 매주 공개토론을 제안합니다. 주제, 형식, 장소를 가리지 않겠습니다. 모든 정책과 입법 사안에 대해 싸우는 정치, 거부권 정치가 아니라 정정당당한 1:1 공개토론으로 국민의 판단을 구하는 정치로 가는 작은 한 걸음이 될 것입니다.

3 정책숙의(熟議) 직접민주주의를 일보 전진시키겠습니다. 당원발안 심사, 당원토론 업무, 정책홍보를 정책위의 권한으로 규정한 민주당 당헌 제43조에 따라, 정책위 주관으로 전 당원 온라인 정책제안토론, 타운홀 정책토론, 전국의 거리와 공원을 순회하는 주말 정책설명회를 열고, 정책홍보 담당 부의장과 외신담당 부의장을 임명해 정책설명을 강화하겠습니다.

당원 참여와 국민 참여의 확대는 2002년 5:5 국민경선을 디자인했던 저로서는 개인적으로도 특별한 연속적 의미가 있습니다. 국회의원에 치중한 폐쇄적 정책 결정과 대의원에 치중한 불균형한 의사결정 구조로부터 당원과 국민의 참여와 숙의로 나아가는 정당혁신의 새 길을 열어 최근 문제가된 전당대회 관행 등 낡은 정치문화를 근본적으로 극복하겠습니다.

4 당 내외 기구들과의 정책협력을 강화해 당의 정책역량을 업그레이드

시키겠습니다. 특히 당 청년위, 대학생위, 직능위와의 협력·지원을 통해 청년희망대화, 각 직능별 국민희망대화를 일상화하고 분야별 정책을 만들어가겠습니다. 역량 있는 당외 인사들로부터 정책을 자문 받는 정책집현전도 구성하겠습니다.

5 연방제 수준의 지방자치와 분권이 이뤄지도록 자치입법권을 획기적으로 강화하고, 각 지방의 핵심역량을 발전시키는 입법과 정책을 추진하겠습니다. 새만금 개발 관할권의 핵심을 중앙정부에서 전라북도로 이동하는 등 각 광역·시도의 자치권을 강화하는 특별 입법, 국회 세종의사당과 대통령 제2집무실 건설 및 법무부·검찰청 등 주요 공공기관 이전을 포함한 충청·세종권 발전방안, 우주항공청 관련 입법 등 경남 발전방안, 도쿄 돔을 능가하는 세계적 야구장이자 톱스타 월드투어 출발지로서의 문화공연장을 겸하게 될 사직구장 '부산 돔' 건설 및 교통대개조 등 부산 발전방안, 한류·문화·콘텐츠·금융 중심도시로서의 서울비전 등 각 지방의 비전을 전국 각 시도당 및 당 내외 자치분권기구와 함께 만들어가겠습니다. 올 하반기에는 민주당의 자치분권 비전과 각 지방 비전을 국민과 공유하는 정책·아이디어 동서남북 엑스포도 추진하겠습니다.

6 저출생해결, 고령화대비, 6대 신전략산업육성, 평생학습국가추진 등 4대 국가전략과제를 연구하고 AI·반도체, 친환경자동차, 바이오, 콘텐츠·한류·문화, 우주·사이버, 탄소중립의 6대 신전략산업 미래먹거리정책기획단을 설치하는 등, 미래형 국가전략과제 입법과 정책에 역량을 집중하고 산업계·노동계와 꾸준히 대화하겠습니다.

다시, 김민석

7 초선의원 등 민주당 의원들의 입법과 정책의 당론화를 적극 지원하는 한편, 국회 다수당으로서 정부와의 입법·정책·예산 조율을 위해 적극 노력해 경제위기 대비와 국정안정을 위한 초당적 협력을 아끼지 않겠습니다. 국가와 공동체에 유익하다면 국민의힘 의원 개개인의 입법과 정책에 대해서도 경청과 협력을 아끼지 않겠습니다. 여야 공통 대선공약에 대한 여야협력을 추구하되, 여의치 않을 경우 선제적 입법을 추진하고, 종교계를 포함한 시민사회와의 복지합작정책 등 정당간 정책협력을 넘어 사회적 정책협력을 적극 추진하겠습니다.

8 과학적 조사를 정책수립의 기초로 삼겠습니다. 각종 싱크탱크, 조사기관, 연구원 등과 협력하여 각 분야 정책 수립의 기초 데이터 및 여론조사를 적극 활용하고, 지방정책 수립에도 각 시도당 및 민주연구원 등과 협력하여 조사분석을 시행하겠습니다. 이를 위해 조사담당 정책부의장을 둘 것입니다.

9 기존 민주당 정책의 반성을 바탕으로 상대 당 정책을 비판하는 자성적 비판과 역대 정부의 공과를 종합적으로 평가하는 비판적 통합을 결합한 온고지신을 통해 '민주당 노선의 현대화', '현대적 민주당 노선의 재정립'을 이루겠습니다.

첫째, 오늘의 대한민국은 변화한 세계자본주의 질서하에서 선진국 대열에 막 진입해 심각한 사회적 양극화를 겪고 있습니다. 개발도상 및 신흥공업국 시대에 정립된 전통적 대중경제론적 관점을 최근의 현실에 맞춰 영점

이동 및 진화시켜 새로운 사회경제정책의 기초로 삼고, 북핵이 없던 시기에 정립된 햇볕정책적 관점을 북핵이 있는 현재의 햇볕정책적 관점으로 진화시켜 대북 및 외교안보정책을 세우는 적절한 정책재정립을 이루어내겠습니다. 세계선도국가 미국과 한류선도 중견국가 대한민국의 변화된 상호위상과 관계에 맞춰 '앞으로 100년 신한미동맹'을 지향하는 능동적이고 담대한 대미외교를 제기하겠습니다.

둘째, ESG적 요구가 강화된 최근의 자본주의 시장경제에 부응하는 적절한 '시장과 국가의 관계'를 향후 사회경제정책의 기초로 설정하고 '경제민주화 플러스' 및 '직장민주화' 등 새로운 사회적 담론수립을 위한 당내토론을 질서 있게 진행하겠습니다.

셋째, 소득주도성장 및 부동산 정책 등 과거 민주당의 실책을 균형 있게 평가하는 자성적 비판을 향후 정책수립의 출발선으로 삼겠습니다. 김대중·노무현·문재인 시대의 정책적 정체성과 긍정적 정책을 계승하면서 이승만 시대의 농지개혁, 박정희 시대의 과학기술 및 자주국방 중시, 노태우 시대의 북방정책 및 남북기본합의서 등 보수정부의 긍정적 정책성과도 합리적·선택적으로 수용하는 비판적 통합을 통해 온고지신의 정책적 균형을 추구하겠습니다.

넷째, 교통, 교육, 의료, 돌봄 등의 공공인프라 확대를 지향하는 기본서비스론을 바탕으로 기본소득론의 합리적 적용을 결합하는 기본사회 구상을 발전시켜 가겠습니다.

10 창의성, 속도감, 변화에 대한 민감함을 추구하며 새로운 정책 사안들에 대해 적극적으로 대응하고 게임·반려동물·상호문화·향민정책·이민정책 등 상대적으로 덜 다뤄져 온 분야의 정책을 정립하는 정책기획단을 탄력적으로 운영하는 등, 앞의 10대 방향을 바탕으로 상대 정당과의 정책 경쟁에서 정책 초격차를 만들어 내겠습니다.

민주당 정책 르네상스 10대 방향은 세 차례의 집권경험과 자기반성 위에 다시 내실 있는 국정운영을 준비하는 국회 다수당으로서, 겸손하고 진지한 책임감으로 민생과 국정, 미래 대한민국을 챙기고 책임지겠다는 각오와 모색의 산물입니다.

겸손(謙)·책임(責)·진지(眞). 충무공 이순신 장군이 어려운 상황에서 학익진으로 승리했던 각오를 되새겨, 민주당 정책위원회는 10대 정책방향의 겸·책·진으로 정책 르네상스를 이룩하여 총선에 승리하고 국가와 민생에 기여할 수 있도록 성심을 다하겠습니다.

뉴민주플랜 발표 기자간담회(23. 04. 18)

윤석열 대통령의
방미 가이드라인을 제시합니다

윤석열 대통령 방미외교의 가이드라인 겸 커트라인을 제안합니다. 원칙, 외교안보, 반도체, 신한미동맹 등 4대 분야에 걸쳐 각 3항씩, 총 12대 가이드라인입니다.

원칙입니다. 첫째, 공정한 자유무역입니다. 자유무역을 지키려다 자유무역이 훼손되면 안 됩니다. 한미양국의 공동가치가 되어야 합니다. 둘째, 상호존중입니다. 21세기 한미관계의 기본원칙입니다. 셋째, 평화보장입니다. 한반도 주변의 실효적인 평화가 한미동맹의 최고 의의입니다.

외교안보입니다. 첫째, 미국이 각종 공문서에 독도 표기를 정확히 하고, 일본이 한국헌법을 존중하여 한미일협력에 지장을 초래하지 않도록 미국이 노력할 것을 분명히 해야 합니다. 둘째, 한국형 핵잠수함 추진을 위한 미국의 기술협력과 지원을 약속받아야 합니다. 최근 호주 사례도 있고, NPT체제와도 충돌하지 않습니다. 셋째, 북미간 상호 군사적 오판 예방을 위해 비상연락선 복원 등 최소한의 북미대화 재개를 권유해야 합니다.

당면 최대국익인 반도체 관련 가이드라인입니다. 첫째, 한미양국 반도체산업의 윈-윈 원칙하에 미국·대만 기업 등에 비교해 포괄적인 비차별 약속, IRA·반도체법 이외의 다른 포괄적 규제장벽에 의한 비차별 보장, 웨이퍼 수율 등 정상적 기업비밀 유지 보장, 보조금효과를 상쇄하는 과도한 초과이익 공유조항 시정을 얻어내야 합니다. 둘째, 삼성 등의 중국 생산기반의 급격한 붕괴는 중국 반도체 산업의 급격한 성장과 추격 및 한국 시장 잠식을 초래하므로, 중국 생산기반을 최소수준 이상 유지할 필요성에 대한 양해와 보장을 얻어내야 합니다. 대중국 수출규제 유예기간도 연장해야 합니다. 셋째, 미국에 부족한 엔지니어 확보를 위한 중장기대책을 요구하고, 기술협력 등 한미간 반도체 특별협정 추진 등에 대한 공동연구를 제안해야 합니다

신한미동맹입니다. 첫째, 팬데믹예방, AI표준 등 한국의 신전략산업인 국제보건과 문화콘텐츠 분야에서 한미양국의 청년일자리 창출을 위한 특별협력 추진을 합의해야 합니다. 둘째, 대미농업투자와 진출, 대미 건설투자, 양국산업의 고급인력확보에도 도움이 될 재미교포 2, 3세의 제한적 이중국적 등 상호교류협력 증진을 합의해야 합니다. 셋째, 12년 만의 국빈방문이고, 원조-피원조 관계에서 세계선도국가와 K방역모범·한류선도 중견

국가로 서로 윈-윈이 가능한 동맹이 되었으니, 전작권 반환시기 재설정을 포함한 총체적이고 새로운 '앞으로 100년 한미동맹' 공동연구작업을 제안하고 합의하여 한미관계를 미래지향적 수평동맹의 반석 위에 올려놓기를 권유합니다.

끝으로 당면현안 중 우크라이나에는 살상무기 및 남북한 대리전을 초래할 수 있는 전투인력 파견 불가를 분명히 천명하고 도청문제에는 정중한 사과를 받아야 합니다. 외교팀은 교체혼선, 도청파문, 비전문가 실세참모 라인에 흔들리지 말고 국익방미외교를 철저하게 준비하길 당부드리고 정책위는 총체적 경제 및 안보 국익추구 차원에서 적절한 시점의 대미·대중 외교 방문단 추진도 당 지도부에 제안드리겠습니다.

정책조정회의 정책위의장 모두 발언(23. 04. 13)

다시, 김민석

윤석열 대통령,
무모하고 무지한 행위를
즉각 중단하십시오

윤석열 대통령이 우크라이나 군사지원을 언급하자, 러시아는 군사지원을 전쟁개입으로 본다는 입장을 냈습니다.

헌법과 국익, 역사적 진실을 건 대일 외교전에서 일본의 승리를 위해 일본 편을 들어 끝내려는 대통령도 처음이지만, 유엔도 나토도 미국도 직접 개입하지 않는 전쟁에 뛰어들겠다고 러시아 같은 나라를 적대관계로 몰고 가는 무모하고 무지한 대통령도 처음입니다.

실언이 아니라 전면 실격입니다. 미국과 얘기가 된 하청발언이라면 미국도 윤 대통령도 용납할 수 없고, 알아서 긴 선제적 굴종이라면 즉각 공식취소하고, 러시아에 공식해명하고 국민에게 석고대죄하십시오.

미국과 논의 중이라면 직접적 적대행위를 하지 않은 러시아를 적대한 후의 대러시아 정치경제군사적 안전보장조치에 대한 미국의 담보약속이 무엇인지 밝히십시오.

국가안위 · 국민안전 · 러시아 교민안전 · 러시아 진출 기업활동에 중대한 영향을 미치고, 전쟁지역 군사지원 불가를 견지해온 역대 한국정부의 원칙을 깨는 이번 우크라이나 군사지원 언급은 윤석열 정부 출범 이후 자초한 최대의 국가적 중대사안입니다.

민주당도 비상하게 대응할 것입니다.

정책조정회의 정책위의장 모두 발언(23. 04. 20)

다시, 김민석

4

동맹은 식민지가 아닙니다

윤석열 리스크가 대한민국 최대 리스크가 되었습니다. 바이든 날리면의 품격 리스크, 우크라이나 군사지원 발언의 안보 리스크, 강제징용 판결부정의 위헌 리스크, 야스쿠니 대규모 참배길을 열어준 친일굴종 리스크, 무릎 꿇은 사죄로 유럽의 협력을 이끈 독일과 과거 부정으로 동북아의 갈등을 재생산하는 일본의 차이도 구별 못하는 "100년 전 일" 발언의 "상식부족 망언" 리스크로, 무식하면 용감하다는 말이 맞다고 느껴지는 세상이 되었습니다.

집안에선 큰소리치고 밖에서는 맥 못쓰면 가장이 아니고 폭력남편입니다. 대통령의 외교력이 얼마나 만만하게 보였으면, 한미정상회담 하루 전날, 대중(對中) 반도체 수출 통제요구 보도가 나옵니까.

동맹은 식민지가 아닙니다. 상호존중과 이익균형이 동맹의 기본이고, 동맹이 아닌 보통 사이조차 상도의가 있습니다. 자동차 보조금 한 푼도 안 준 미국이 한국 기업에 반도체 중국 수출 억제를 요청했다면 미국의 착각이고 평등외교의 파괴이고 윤 대통령의 대일(對日)호구외교의 결과입니다. 손해를 보라고 요청한다면, 적정한 손해보전방안을 제시해야 아메리칸 스타일이고 시장논리고 가치외교고 글로벌 스탠더드입니다.

미국의 반도체 수출억제 요구가 사실이 아니길 바라며 대통령은 정상 간의 대화가 검사들끼리 한 잔 하며 설익은 생각을 나누는 아무 말 잔치가 아님을 유념하시고 이번 정상회담이 역대 모든 정부가 다 해온 대북 확장억제강화의 포장지만 바꾼 봉투 속에 청구서만 잔뜩 받아오는 아마추어 취중계약 수준의 불공정거래로 끝나지 않도록 최선을 다해주길 강력히 요청합니다.

원내대책회의 정책위의장 모두 발언(23. 04. 25)

다시, 김민석

미국의 인도-태평양 전략과
한국의 국가이익

오늘 뉴욕타임스는 "북한이 핵으로 한국을 공격하면 미국이 핵으로 북한을 공격한다."는 이번 한미 정상 간의 합의는, 역으로 북한 핵의 존재를 인정하고 북이 핵 개발을 고도화해서 한국을 때릴 때까지 북핵 개발을 억제할 마땅한 대응책이 없다는 놀라운 인정이라는 분석 기사를 1면에 실었습니다. 영어로는 'Striking Admission'이라고 표현했습니다.

대한민국이 핵공격을 받고 북한에 핵을 쓰는 것이 무슨 의미 있는 획기적인 정책이 되겠습니까? 핵공격을 받고 나서 대한민국이 남아 있겠습니까? 중국 견제를 핵심으로 하는 미국의 인도-태평양 전략은 한·미·일, 북·중·러의 진영 구도를 새롭게 창출해서 한편으로는 중국이 북한의 핵개발을 억지할 동기를 줄이고 또 한편으로는 북한의 핵개발을 가속화하는 공간을 열어주는 그런 의도치 않은 정치·군사·외교적 부작용이 있습니다. 인-태 전략의 동맹이익과 북핵 저지라는 대한민국 국가이익 사이에는 이런 미묘한 상충과 맹점이 존재하는 것입니다. 윤석열 대통령께서는 이런 인-태 전략과 한국 국가이익과의 상충과 맹점을 과연 알고는 계십니까?

한국의 독자 핵개발론을 공식적으로 차단하고 한반도 핵 사용 권한이 미국의 단독 권한임을 다시 한번 재확인한 이번 한미 정상의 합의는 진보, 보수 역대 모든 한국 정부가 추진해 왔던 확장억제 전략에 비해서 획기성·종합성·실효성 모든 면에서 별 진전이 없습니다. 미국의 말만 믿지 않고 자주국방을 시도했던 박정희 전 대통령이나 미국과 동맹을 하면서도 때로는 벼랑 끝 전술을 추구하면서 대일 독자성을 지키고 일본을 견제해 왔던 이승만 전 대통령이 지금 돌아온다면 매우 크게 실망했을 '가성비 낮은 저자세 외교'였습니다.

결국 한미 간의 동맹 이익을 존중하면서도 대한민국의 국가이익을 지키는 몫은 민주당의 몫이 되었습니다. 민주당은 다음을 추진하겠습니다. 첫째, 이번에 불명료하게 남겨둔 우크라이나 군사지원과 관련해서 분쟁지역에 군사지원을 할 경우에 국회의 동의를 얻어야 된다는 당론에 입각하여 김병주 의원이 발의한 법을 신속하게 통과시키겠습니다. 둘째, 최근에 한미와 북한 간의 군사적 긴장 관계 속에서 차단된 비상 군사 연락선은 최소한도의 양측의 오판과 불의의 사태를 막기 위해서 조속히 재개통되어야 한다는 점에서 재개통 노력을 한미 양측이 해야 한다는 점을 촉구해가겠습니다. 세 번째로는 문재인 정부에 이르기까지 역대 정부가 필요성에 대한 공

다시, 김민석

감대를 높여왔고 최근에 미국과 호주 간에 진행이 된 핵 추진 잠수함의 한국 도입 요구를 해나가겠습니다. 네 번째로 미국 각종 공문서에 독도를 명확하게 표기하는 등 미국이 한미일 관계의 정상화를 요구한다면 의당 미국 입장에서 해야 할 일본의 역사 왜곡 시정에 대한 미국의 협력을 요구해가겠습니다. 다섯 번째로 한미 간의 도청 자체가 필요 없는 투명하고 성숙한 한미 간 상호 소통체제의 확립을 한미 양측에 요구하고 확인하고 그렇게 하겠습니다. 여섯 번째로 윤 대통령의 미숙한 우크라이나 발언 때문에 직격탄을 맞은 기업들의 이익도 보호되어야 하기 때문에 러시아 진출 한국 기업들과의 간담회를 포함해서 러시아 진출 한국 기업들이 피해를 보지 않도록 하는 각종 노력을 하겠습니다. 일곱 번째로 IRA·반도체 법뿐만 아니라 최근에 한국 자동차에 대한 보조금 하나도 없이 끝난 미국의 자동차 보조금 정책 등 미국이 한국 기업들에 대해서 경제적 평등대우를 할 수 있도록 미국에 대해서 보다 꼼꼼한 경제적 평등대우 요구를 정리해서 미국 측에 전달하겠습니다.

이상을 위해서 필요하다면 민주당이 독자로 방미단을 보낼 것을 당 지도부에 건의하겠습니다. 전 세계 최대강국 미국과의 외교는 법치주의, 합리주의, 세계평화라는 가치외교, 당당함 이 네 가지로 하는 것입니다. 민주당이 김대중 대통령 이래 노무현·문재인에 이르기까지 미국의 존중까지 받으면서 세계에서의 외교의 위상을 높여왔던 그 전통을 이어나가겠습니다.

윤석열 대통령 방미 중 정책조정회의 정책위의장 모두 발언(23. 04. 27)

지금 미군 기지 땅
용산 안전합니까?

　박광온 원내대표가 당선되신 후에 여야 협치에 대한 기대가 높아지는 것 같습니다. 여야 공통 공약 추진에 대한 문의도 제게 많이 옵니다. 양당 대표의 합의 그리고 양당 원내대표의 공감대에 기초해서 언제든지 여야 대선 공통 공약을 작업하도록 저희는 준비를 다 하고 있는 상태입니다. 경제, 청년 이런 문제를 중심으로 해서 진지한 여야 공통 공약 논의를 하게 되기를 바랍니다.

　사실은 간호법과 5.18정신 헌법전문 삽입이야말로 가장 대표적인 여야 공통 공약입니다.

　여권 대표적인 인사들의 '간호법을 제정하겠다.' 하는 육성이 그대로 지금 남아 있고, 국민의힘에서 태영호, 김재원 두 최고위원의 5.18 관련한 발

다시, 김민석

언 등을 문제로 한 징계까지 논의되고 있는 마당이기 때문에 이 두 문제를 시작으로 해서 여야 공통 공약의 내용들이 빨리 합의가 되기를 기대합니다.

전용기 의원이 독도를 방문한 이후에 이에 대해서 일본 측에 시비가 있습니다.

독도는 역사적으로도 국제법, 정치적으로도 실효적으로도 논란의 여지가 없는 대한민국 영토입니다. 저도 이미 10여 년 전에 민주당 지도부의 일원으로서 독도를 방문했던 적이 있습니다. 민주당 인사들의 독도 방문 자체도 이미 있어왔던 일입니다. 오히려 이런 일본 측의 시비에 대해서 우리 정부나 여당의 단 한 사람도 이 문제에 대해서 이야기를 하지 않는다는 것이 더 놀랍습니다. '기본은 하고 살자.' 이런 말씀을 드리고 싶습니다.

5월 5일 어린이날을 계기로 해서 용산을 어린이 공원으로 개방한다는 방침이 나왔습니다.

놀랍고 좀 황당합니다. 작년에 2시간만. 오염위험 때문에 '2시간만 있어라.'나 '2시간만 지내십시오.'라는 조건으로 개방했던 지역을 포함한 그런 지역을 15cm 흙을 덮어서 다시 개방한다는 것입니다.

용산 지금 미군 기지 땅, 지금 개방한다고 하는 곳은 안전합니까? 안전하지 않습니까? 윤석열 대통령에게 묻고 싶습니다. 안전하지 않다면 그것을 개방하는 것은 국민과 어린이들을 위해(危害) 하는 것이고, 안전하다면 어떻게 현재 용산 오염에 관한 정화 비용을 지금도 미군 측과 협상하는 것이 미제로 남아 있는데 무엇을 근거와 명분으로 미국 측에 요구를 하겠습니까?

자료를 현재 우리 정부에서 공개 안 하는 것을 보면은 국민에게 공개할 만큼 안전하지 않은 것은 명백한 것으로 보입니다. 그렇다면 이것이야말로 국민안전을 놓고 볼 때나 국익이라는 점을 놓고 볼 때나 굉장히 잘못된 것입니다. 생각을 좀 하고 이렇게 여러 가지 일들을 했으면 좋겠다는 말씀을 드립니다.

정책조정회의 정책위의장 모두 발언(23. 05. 04)

다시, 김민석

약속을 어기고
무슨 정치가 있습니까?

정책과 공약을 뒤집는 정치가 가장 부도덕한 정치입니다.

윤석열 대통령과 국민의힘은 간호법 약속을 지킬 것입니까, 아닙니까?

윤 대통령이 직접 약속했다고 공식 발언한 원희룡 대선정책본부장도 태영호 최고위원처럼 거짓말한 겁니까?

공약이 아니었으면 공약이라고 거짓말하면서 공식 발언이라 한 원희룡 장관을 징계하십시오.

박대출 정책위의장도 마찬가지 아닙니까?

공약으로 허언하는 분을 정책위의장 시킨 겁니까?

의료법과 별도의 간호법을 만들어야 한다고 공언한 강기윤 복지위 간사도 마찬가지 아닙니까?

간호법 거부권은 윤석열 대통령과 국민의힘의 집단사기입니다.

국민의힘이 거부권을 건의한다면 집단사기행위에 대해 먼저 사죄부터 하십시오.

대통령부터 원희룡 장관, 박대출 정책위의장, 강기윤 복지위 간사까지 모두 책임을 묻고 대국민 사죄하고 나서 거부권을 입에 올리십시오.

또 내주 5·18 이전에 김재원, 태영호 두 최고위원을 징계함과 동시에 5·18 정신 헌법전문 삽입이 대선공약이자 당의 입장임을 공식적으로 재확인 재천명하십시오.

약속을 어기고 무슨 정치가 있습니까?

간호법과 5·18 전문 삽입부터 여·야 공통 공약실현 정치신뢰회복 국민통합을 시작하시기 바랍니다.

원내대책회의 정책위의장 모두 발언(23. 05. 09)

다시, 김민석

정부의 태도가 너무 안일합니다

전세사기 특별법에 대한 정부의 태도가 너무 안일합니다.

정부가 처음에는 특별법을 반대하다가 피해자와 야당의 요구로 특별법을 하기로 했으면 실제 피해자를 최대한 지원할 수 있는 법을 만들어야 합니다. 피해자 범위의 현실적 확대, 최우선변제권 적용시기의 조정, 사후정산 등 야당이 제기하고 있는 여러 가지 현실적 대책을 거부하고 이미 피해자들의 수용률이 매우 낮다고 확인돼서 여당 의원들조차 한계가 분명하다고 소위에서 이야기하고 있는 그러한 기존 입장만 되풀이하면 도대체 어떻게 하자는 겁니까? 절박성이 전혀 없습니다. 다음 소위까지는 진전된 결론을 내야 합니다. 피해자는 피가 마릅니다. 정부의 절박한 인식과 대응을 다시 촉구합니다.

후쿠시마 오염수 투기의 핵심 문제가 명료해지고 있습니다. 그린피스 등 여러 전문가들의 공통된 의견을 종합해 보면 방사성물질을 걸러내는 ALPS(알프스) 다핵종제거설비의 성능이 검증되지 않은 것을 핵심 문제로 보고 이에 대한 검증과 자료를 요구하고 있습니다.

이 문제의 해결 없는 투기는 해양 안전에 치명적이라는 겁니다. 한일 양국 정부가 이 문제를 분명하게 하지 않는 한 시찰단은 전혀 무의미한 면피성 이벤트입니다.

한국 정부는 무엇을 합의한 겁니까? 유람입니까? 안전성 검증입니까?

정부의 입장부터 명확하게 할 것을 다시 한 번 촉구합니다.

과학적 검증 없는 투기는 안 됩니다.

정책조정회의 정책위의장 모두 발언(23. 05. 11)

다시, 김민석

간호법 거부 논리 모두 거짓입니다

윤석열 대통령이 결국 간호법 거부권으로 갈 가능성이 높아지고 있습니다. 간호법에 거부권을 행사한다는 것은 오로지 의회주의를 짓밟겠다는 우격다짐의 힘자랑일 뿐입니다.

첫째로 간호 법안이 보건 의료 인간 신뢰와 협업을 저해한다고 합니다. 거짓입니다.

간호법에 규정된 간호사의 업무는 현행 의료법과 완전히 동일합니다. 의료 기사법이나 약사법처럼 간호법 또한 간호인력의 양성과 면허 및 처우개선 내용을 담고 있을 뿐입니다.

두 번째로 간호법이 어느 나라에도 없는 의료체계 붕괴 법이라고 합니다. 거짓입니다.

간호법은 OECD에 33개국을 포함한 세계 90여 개국에 존재합니다.

셋째로 간호법이 간호조무사 차별 법이라고 합니다. 거짓입니다.

간호법에 규정된 간호사와 간호조무사의 업무와 관련한 규정은 모두 현행 의료법과 동일합니다. 현행 의료법에 간호조무사 학력 조항은 복지부가 2012년에 신설한 것입니다.

넷째로 요양보호사와 사회복지사 등이 일자리를 상실하게 될 것이라고 합니다. 거짓입니다.

간호법에는 돌봄 사업 독점 규정도 다른 일자리를 침해할 수 있는 규정도 없습니다. 노인 요양 시설은 노인복지법에 따라서 국민 누구나 설치할 수 있습니다.

다섯 번째로 간호사 처우개선을 위해서 법률적인 근거가 필요하지 않다고 합니다. 거짓입니다. 그렇다면 왜 여당은 법안을 내고 수정 제안까지 했습니까?

거부권을 하려면 적어도 말은 되는 이유를 내세워야 하지 않습니까?
거부권에도 최소한의 논리는 있어야 하지 않겠습니까?
왜 이런 상식 이하의 거짓말까지 하면서 거부권으로만 몰아갑니까?
대통령 본인과 측근들이 직접 말하고 기록으로 남은 공약을 공약이 아니라고 거짓말하고 사실을 왜곡하는 이유는 오직 국회의 힘자랑하는 것

외에 도대체 무엇으로 설명할 수 있습니까?

국회를 내 마음대로 하겠다는 오기와 독선 외에 무엇으로 설명할 수 있습니까?

윤석열 대통령이 거부권을 행사한다면 윤석열 대통령에게 힘은 있을지 몰라도 상식과 논리·정직은 없다는 것을 다시 한번 드러내는 반 의회주의 선언이고 결국 주권자인 국민의 심판을 받게 될 것이다 하는 점을 다시 한번 경고합니다. 이상입니다.

원내대책회의 정책위의장 모두 발언(23. 05. 16)

윤석열 정부 무능, 무지, 독선

<u>1</u> 예고된 북한 발사체보다 서울시 경보가 더 난리였습니다.

윤석열 정부는 책임 전가 말고는 위기관리 매뉴얼이 없습니까?

위성인지 미사일인지 NSC가 맞았는지 NSC상임위가 맞았는지 예고된 상황에 경보체계를 제대로 챙겼는지 다 혼선입니다.

남북 간 비상 연락망 제로 상황 자체가 근본적 안보 무능입니다.

압박을 세게 해도 1% 소통은 유지해 내는 게 진짜 안보입니다.

핫라인 하나 못 만들고 사이렌 오발탄이나 쏘는 안보무능정권을 믿고 어떻게 앞으로 4년을 편히 자겠습니까?

<u>2</u> 권력 전체에 마약중독보다 무서운 힘중독이 번지고 있습니다.

살겠다고 농성하는데 곤봉으로 머리를 치고 집회 해산에 최루탄 물을

다시, 김민석

쓰겠답니다.

약자 때리라고 힘 준 게 아니라 살리라고 힘 준 겁니다.

경기는 바닥이고 소득 하위 20% 10가구 중 6가구가 적자인데 민생재정과 추경 얘기는 1도 없습니다.

힘자랑 그만하고 민생과 경제에 힘쓰십시오.

3 간호법 공약을 깬 윤석열 대통령이 금융중심공약에서 또 갈등을 키우고 있습니다.

공약은 국가적 일관성과 법에 따라 추진돼야 합니다.

산은을 이전할 경우, 금융경쟁력 10위권에 멈춰 있는 서울을 금융허브로 만들 대안은 무엇입니까?

부산에는 산은만 간다는 건지, 수출입은행 등 전체계획은 무엇인지, 합법적 추진경로는 무엇입니까?

간호법처럼 분명히 약속하고 입 싹 씻어 공약 파기와 홀대 논란을 낳고 있는 전북 금융중심지 공약은 어찌할 겁니까?

제1 제2 제3 금융중심이라면서 서울, 부산, 전북 어디 하나 정리된 게 없습니다.

정리된 전체계획을 국회에 내놓고 토론하기 바랍니다.

정책조정회의 정책위의장 모두 발언(23. 06. 01)

윤석열 정부의 국정운영 종점은
패밀리비즈니스인 모양입니다

윤석열 정부는 처가 땅 종점을 원합니다. 이것이 심플한 본질입니다.

대선 직후에 바뀐 종점도 처가 땅 방향. 엊그제 임명된 용산 출신 국토부 차관이 세일즈에 나선 종점도 처가 땅 방향.

일관됩니다.
답을 정해놓고 합리적 정책선택을 건너뛴 답정처가입니다.
윤석열 정부의 국정운영 종점은 패밀리비즈니스 방향인가 봅니다.

백지화는 하루짜리 국면전환 쇼였습니다.

다시, 김민석

처가 땅 종점이 아니면 안 한다.

이는 불가역적 방향이다.

그게 백지화쇼의 의도였음이 드러나고 있습니다.

솔직히 윤석열 정부가 처가 땅 노선 아닌 길을 추진할 가능성이 1%라도 있습니까?

대통령이 직접 답하기 바랍니다.

참 나쁜 정부입니다.

원내대책회의 정책위의장 모두 발언(23. 07. 11)

농촌재해대책을
재정립해야 합니다

재해대책법의 복구지원단가와 기준이 너무 낮습니다.

시설복구비와 재파종비용 일부만 지원하고 있는데, 지원단가가 실거래가의 70% 수준이고 그나마 농약대만 100% 지원합니다.

농업재해보험도 문제입니다.

대상 품목이 70개로 제한되며, 같은 배추도 고랭지배추와 월동배추는 대상인데, 가을 배추는 보험 대상이 아닙니다. 가입면적도 농경지 전체의 절반에 불과합니다.

보험사 수익이 떨어지자, 과수의 적과전 보상률은 하향(80→50%)되었고, 손해할증률은 상향(30→50%)되었습니다.

특별재난지역 주민에게도 건강보험료나 전기요금 감면 같은 간접지원만 일부 추가됩니다.

민주당은 기후위기시대에 걸맞게 복구 지원기준과 단가 현실화, 농업재해보험의 보상범위와 보상률 확대 및 가입 지원을 위한 전반적 제도개선을 추진하겠습니다.

남북 간 대결과 긴장 속에 맞이하는 정전협정 70주년입니다.

"평화협정전환과 평화체제 구축"을 결의했던 4.27 판문점선언을 남북 모두 상기하고 최소한의 대화와 교류협력을 복원해야 합니다.

북한은 지속되는 미사일 도발을 중단하고, 윤석열 정부도 극우 유튜버를 통일부장관으로 임명하려는 경직성을 벗어나야 합니다.

특별히 북한이 월북미군병사를 안전하게 송환하여 대화 회복을 위한 선순환의 계기를 만들기를 희망합니다.

정책조정회의 정책위의장 모두 발언(23. 07. 27)

바보야! 문제는 경제야!

바보야! 문제는 경제야!

클린턴 말대로면 윤석열 정부는 경제바보 정부입니다.

머리는 부자감세, 말은 건전재정, 현실은 세수부족의 엇박자에 정책교조주의가 어리석음의 전형입니다.

성장률 역대 최저.

생산, 소비, 투자, 수출, 재정, 부채 빨간불.

경제 규모 13위로 강등.

한국만 나홀로 하락 등 경제성적 역대 꼴등이니 전두환, 노태우 정부보다 무능합니다.

최태원 회장이 대체불가라 한 중국 시장은 정부가 손 놓은 사이에 위축

다시, 김민석

됐고, 그 틈에 대중국수출 1등이 된 미국으로부터 반도체, 자동차를 챙긴 실리도 부실합니다.

정부는 하반기에 좋아진다는 '상저하고'라지만 여론은 윤정부 경제는 틀렸다는 '윤저저저'입니다. 가계부채, 물가, 민생압박 쓰나미를 헤쳐갈 종합해법으로 세수대책, 중국 등 수출여건개선, 취약층지원과 내수활성화, 적극재정, 한반도긴장완화 등이 절실합니다.

K팝과 K방역의 대한민국을 잼버리 한방에 국제망신시킨 윤정부 실력으론 경제우등생의 자존심이 간당간당합니다.

시행령통치 법무부장관, 이태원무책임 행안부장관, 처가총대 국토부장관이 다 문제지만 전면경제개각으로 경제정책기조부터 전환하길 요구합니다.

윤저저저, 경제바보 정부로 기록돼서야 되겠습니까?

주택금융부채공제제도의 허점으로 매년 24만 건에 달하는 디딤돌·버팀목 대출을 받은 서민들의 건보료 급등이 많습니다.
건보지역가입자의 실거주용 대출이 자산증가로 간주돼서 생기는 보험료 부담을 막기 위한 이 제도의 대상에 디딤돌·버팀목 대출이 빠져 있어서입니다.
전세자금 1억 2천 대출에 건보료가 2만 원대에서 8만 원대로 뛰는 식입니다.

민주당은 금융회사가 아닌 주택도시보증공사가 운용주체인 디딤돌·버팀목 대출이 공제혜택에서 빠져 있는 건강보험법 72조의 개정을 즉각 추진해서 버팀목 대출을 받은 지역가입자들이 건보료 폭탄을 맞는 불합리한 부담을 없애겠습니다. 경제와 민생, 민주당이 챙기겠습니다.

원내대책회의 정책위의장 모두 발언(23. 08. 08)

다시, 김민석

방사능 오염수 왜 못 막습니까?

오염수를 못 막고 배상조차 못 받으면 대통령의 존재 이유가 뭡니까?

일본은 오염수 방류 이후 모든 업종의 소비자 불안에 의한 매출 감소, 이른바 풍평 피해를 보상하고 근 1조의 기금도 만듭니다. 매출 변화를 통해 피해를 입증하는 풍평 피해는 달리 표현하면 소문 피해로, 개별 인과관계 검증을 넘는 오염수 피해 보상의 객관적 불가피성을 반영하고 인정한 것입니다.

우리 국민 상당수가 수산물에 불안을 느끼고, 소비를 줄이겠다고 합니다. 우리 해녀, 어민, 수산, 횟집 등이야말로 일본식으로 얘기해도 최소한 풍평 피해의 피해자 아닙니까? 가해자 일본의 풍평 피해는 인정하면서 피해자 한국의 풍평 피해는 무시하거나, 더구나 그 보상 비용을 한국이 내는 것은 어불성설입니다.

윤 대통령은 답하십시오.
일본도 인정한 불안 피해를 부인할 겁니까?
오염수 광고처럼 피해 보상도 우리 세금으로 때울 겁니까?

민주당은 오염수 방류 중단 노력과 함께 후쿠시마 방사능 오염수 피해를 지원하는 관련 법률의 조속한 통과로 국민의 피해를 최소화하겠습니다. 그러나 방류를 못 막아낸 정부는 보상권을 청구해서 일본으로부터 배상이라도 받아내십시오.

일본 편들고 우리 민생을 죽이면서 보상도 안 하거나, 일제 배상 포기에 이어 오염수 보상도 우리 돈으로 막아주는 대통령과 정부라면 존재의 이유가 없습니다.

원내대책회의 정책위의장 모두 발언(23.08.08)

다시, 김민석

15

청년패스제 도입을 제안합니다

　　서울시 기후동행 카드와 국토부 K-pass를 1천 원의 교통권, 즉 월 3만 원대 청년패스로 확장시켜 갈 것을 제안합니다. 생활비 두 번째 항목이자 기본서비스인 교통비의 획기적 절감은 시대정신입니다. 독일의 '49유로 티켓', 스페인·뉴질랜드의 '반값 월간패스', 뉴욕·워싱턴의 무상버스 추진, 경기 화성과 전남 여러 시군의 청소년무상교통이 실례입니다.

　　민주당은 오래전부터 무한환승 정액제정책을 제기했고, 문재인 정부는 K 패스의 전신인 알뜰교통카드를 실시했고. 이재명 대표도 기본사회 교통 정책을 준비해 왔습니다. 서울시의 기후동행 카드가 교통요금 대폭인상 후의 조삼모사 측면도 있지만, 민생과 기후를 동시에 살리자는 도입 취지에는 전적으로 공감합니다. 그러나 경기·인천과의 협의 부재에서 온 정책 미비는 조속히 개선되어야 합니다.

K-Pass는 수도권 광역교통망 이용객이 3천만을 넘는데도 예산 516억 원, 이용객 177만 명 기준의 소극적 정책을 설계한 것이 아쉽습니다.

경기·인천과의 협의를 통한 기후동행카드의 수도권 확대 및 전국화, K-패스와 통합한 비용 인하로 가야 하고, 무엇보다 2030 청년들에게 부담없는 외부활동을 가능케 할 청년패스제 도입이 우선과제입니다. 서울시가 월 6만 5천 원 요금제를 제안했고, 국토부가 최대 53% 할인율을 주장했으니 청년패스 가격의 추가인하는 충분히 가능합니다.

정부와 지자체가 적극 나서기 바랍니다.
민주당은 공공교통 대전환에 필요한 예산과 입법, 공론화를 적극 지원, 추진하겠습니다.

정책조정회의 정책위의장 모두 발언(23.09.14)

다시, 김민석

R&D 예산삭감,
바보 같은 짓입니다

R&D 예산 묻지마 삭감에 대한 비판이 제기되자 '정부·여당이 젊은 과학자 인건비 등을 일부 복원하려 한다'는 보도가 나오고 있습니다. 국가 미래가 걸린 R&D 예산을 놓고 처음에는 바보짓을 하더니 이제는 사탕으로 시혜 주듯 눈속임 장난을 치려 하는 것입니다.

국가경영을 이렇게 즉흥과 졸속으로 해서는 안 됩니다.
근본이 잘못되었으면 근본적으로 고쳐야 합니다.

대통령은 비효율이 카르텔이라는 무지한 폭력적 궤변으로 미래 먹거리인 과학기술의 근본을 부수고 국가의 근간을 불태우는 마적단식 행태로 근 17%의 예산 약탈을 자행해 과학계에 자긍심을 짓밟은 것부터 사과해야 합니다. 연구현장에서 묵묵히 일하는 연구자들을 카르텔의 주범으로 매도한 것과 젊은 연구자의 일자리를 뺏으려 한 것에 대해서도 사과해야 합니다.

국가적 위기 상황이었던 IMF 사태에도 지켜냈던 과학기술입니다. 김대중·노무현 대통령의 과학기술 리더십을 새겨야 합니다. 전 정부 탓하기가 도를 지나칩니다. 과학기술 예산의 무분별한 증액과 부실 심사로 나눠 먹기가 행해졌고, 카르텔의 배만 불렸다고 비판했지만 정작 나눠먹기식 카르텔의 근거는 전혀 밝히지 못하고 있습니다. 이러니까 정부가 편성 제출한 국가 R&D 예산에 대해서 정부 내에서조차 삭감이 과도했다는 이견이 나오는 것입니다. 법정 절차를 어기고 졸속, 밀실 삭감을 감행한 장·차관을 포함한 책임자에게 법적·정치적 책임을 물어야 합니다.

과학기술 예산을 지키고 노벨상을 위한 기초연구비를 살려내야 합니다. 6월 28일 재정전략회의 이전에 만들어진 당초 예산안대로 5조 원 규모의 예산을 원상 복구하지 않는다면 일체의 예산심사 자체가 무의미할 것입니다.

정책조정회의 정책위의장 모두 발언(23. 09. 21)

다시, 김민석

모두 발언 모음

<u>1</u> 대통령이 재난의 콘트롤타워가 아니라 남 탓과 책임 회피의 콘트롤타워가 되고 있습니다. 카르텔을 잡아 복구에 쓰겠다는 황당한 얘기를 하니 처가고속도로 카르텔, 검찰특활비 카르텔부터 잡으라는 말이 나오는 것이 당연하지 않습니까?

환경부 질타도 책임회피용입니다. 환경부 금강홍수통제소는 오송 사고 4시간 전에 홍수경보를 발령했고, 2시간 전에는 교통 통제를 요청했습니다. 지자체, 경찰, 소방이 안 움직인 것, 군산, 청주 지자체별로 결과에 차이가 난 것 또한 결국 대통령실이 못 챙긴 책임 아닙니까?

역대 정부가 추진하고, 국민의힘 전신인 자유한국당의 대선 공약이었던 물관리 일원화를 끄집어낸 것도 전 정부를 탓하려는 저의로 보일 뿐입니다.

민주당이 도시하천 침수방지를 위해서 낸 수해방지특별법을 정부과제로 채택하고도 반년 이상 손 놓고 있는 윤석열 정부부터 자성해야 합니다.

2 정부에 의해서 근로자 위원이 일방적으로 해촉되고 제청이 거부된 상황에서 소비자물가 인상률에 못 미치는 최저임금 인상이 결정된 것에 유감을 표합니다.

실업급여 운운하면서 공분을 일으켰던 정부여당에서 수급기간은 늘리고 반복수급 지급비율은 삭감한다는 등 정돈 안 된 얘기들이 나오고 있습니다.

헛발질 이후 오락가락하다 사그라진 69시간 노동 때의 재판입니다. 더이상 헤매지 말고, 고용보험제도의 당사자인 노사를 중심으로 사회적 대화부터 하기를 권합니다.

포괄임금 오남용 근절대책 먼저 약속대로 빨리 발표하십시오. 민주당은 공짜노동과 과로를 조장하는 포괄임금제 금지입법의 처리를 위해 최선을 다하겠습니다.

3 JSA를 통해 월북한 미국병사를 안전하게 송환하는 예양을 북한 정부가 보여주길 요청합니다. 어떤 경우에도 제2의 웜비어는 없어야 합니다.

4 태풍 비상입니다. 정부는 만전을 기해주십시오.

민주당도 최선을 다할 것입니다.

잼버리 유종의 미는 세계참가단과 국민을 향한 대통령 사과입니다. 정부가 열흘만 정신 차렸어도 됐을 그늘막, 화장실, 샤워실 등을 못 챙긴 걸 갖고 15개월 전 물러난 전 정부 탓을 한 역대급 준비 부실과 후안무치를 사

다시, 김민석

과하고, 전국 지자체, 기관, 기업, 문화계 등의 인력과 비용으로 정부가 친사고를 국민 설거지시킨 책임 전가를 사과해야 합니다.

전 정부 탓이 안 먹히니 전북 탓으로 선회하는 모습이 치졸합니다. 국민 돈으로 막고 희생양 만들 궁리가 아니라, 사과하고 책임질 준비를 하십시오. 대통령부터 지방까지 권한과 의무에 걸맞은 책임을 지면 됩니다.

5 말복 날, 개의 수난사를 끝내자고 말씀드립니다.

개가 사람을 지켜주면서 문명이 가능했다고 할 만큼 개는 인류의 반려이자 가족으로 우리나라도 네 집에 한 집이 개와 함께 삽니다.

개 식용종식은 개인의 선택권을 넘는 사회적 공감과 국격의 문제가 되었습니다. 한정애 의원 등이 관련 업계에 대한 업종전환지원법을 발의했으니 여야합의의 개 식용종식 특별법 통과를 제안합니다.

6 한·미·일 3자 외교가 대한민국의 국익과 가치를 말석에 놓는 말석 외교로 변질되고 있습니다. 3국 정상회담을 앞둔 시점에서 미국이 동해의 일본해 표기 방침을 굳힌 것은 식민 지배와 야스쿠니 참배조차 다 접어주는 한국 정부에 대해 미국이 부담 없이 일본 손을 들어주는 상징입니다. 3국 정상회담이 한일 공통 가치라는 허상 위에 미국과 일본의 국가전략에 대한민국의 국익과 가치를 희석시키는 말석 외교가 되지 않도록 정부의 각성을 촉구합니다.

7 누가 채상병 사건 수사 결과를 뒤집으려 했습니까?

대통령 지시가 아니었다면 장관보다 위에서 대통령을 배후 삼아 수사 결과를 뒤집으려 한 호가호위 세력을 밝혀 국정 농단의 씨앗을 없애야 합니다.

8 미국의 IRA 법안에 이어 프랑스도 녹색산업법안을 추진 중입니다.

친환경 산업을 보호하고 생산과정에 탄소를 많이 배출하는 전기차엔 보조금을 안 주는 내용으로 한국의 수출엔 큰 타격입니다. 시행연기 노력과 함께 근본적 대비를 해야 합니다.

전기자동차·재생에너지·녹색제품 등 탄소중립 산업 경쟁력 확보를 위한 민주당의 탄소중립산업법안을 통과시켜 글로벌 환경보호무역주의에 대응하고 탄소 다배출업종의 공정혁신, RE100을 위한 재생에너지 확대, 순환 경제 활성화 등 탄소중립형 산업구조로의 전환을 위한 초당적 노력을 할 것을 정부 여당에 촉구합니다.

9 왜 동해를 창씨개명합니까?

동해를 일본해로 표기하겠다는 미국의 결정은 한국에 큰 상처를 준 외교적 결례입니다.

바다 이름을 정하는 국제수로기구(IHO)조차 바다 표기를 지명이 아닌 고유번호로 변경 중인 상황에서 한일관계의 미래를 축복한다며 일본 손을 들어주는 미국에게 왜 당당히 말 못 합니까? 동해-일본해 병기의 마지노선도 못 지키고 재패니즈 파이 확대를 허용하는 정부의 의지와 실력을 어떻게 믿겠습니까?

눈 뜨고 코 베가는 국제외교에서 선의의 수사는 검증되어야 하고 국익은 스스로 지켜야 합니다. 한미일 3자 협력도 예외가 아닙니다. 여야 합의로 미국 측에 동해 표기를 요청하는 국회결의안을 통과시킵시다. 국민의힘도 함께하리라 믿겠습니다.

10 국토부가 서울시에 1인당 매달 20만 원씩 지원하는 청년 월세 지원 예산의 감액 결정을 내렸다는 보도가 나왔습니다. 보증금 5천만 원, 월세 60만 원 이하 기준을 맞추는 서울지역 신청자가 적다는 이유입니다. 서울 대학가 월세가 80만 원대를 넘나드는 현실에서, 비현실적 기준 때문에 생긴 신청미달을 개선하지 않고 정반대로 간 것입니다.

정부 여당이 청년 청년 하면서 있는 예산조차 안 써서야 되겠습니까?

정부는 서울시와 협의하여 조속히 관련 규정을 현실화하고, 나아가 전국적으로 청년 월세 지원을 확대하기 바랍니다.

민주당은 윤석열 정부가 삭감했던 천 원의 아침밥을 살려냈듯이, 청년들의 제안으로 2020년부터 시행되었던 청년 월세 지원사업을 제대로 살려내겠습니다.

11 근 60조의 역대급 세수결손이 예상됩니다.

정부의 대응방안이 몇 가지로 보도되고 있는데 정부가 지방정부와 지방교육청에 내려보내는 지방교부세금에서 24조 원을 불용 처리한다면, 지방정부와 지방교육청의 수입감소를 유발해서 집행하려던 사업의 차질과 공공부문의 성장기여 하락이 우려됩니다.

환율변동 대응을 위해 조성하는 외국환평형기금에서 재원을 끌어 쓴다면, 최근 환율시장이 불안한 상황에서 향후 환율변동에 대한 대응 여력이 악화될까 우려됩니다. 기금의 여유자금을 공공자금관리기금에서 빌려와서 사용하면 향후 빌려온 자금에 대한 이자를 유발하게 됩니다. 다 부작용이 있습니다.

결국, 근본적 해결방법은 추경으로 세입 경정을 하는 것이었습니다. 정부는 세수결손에 대한 대국민 사과와 함께 근본적인 해결방안을 검토할 것을 촉구합니다.

정책조정회의 정책위의장 모두 발언 모음

다시, 김민석

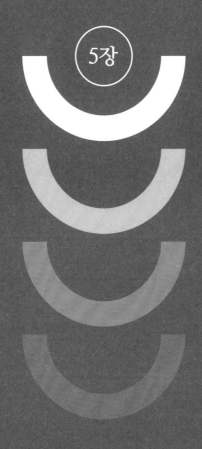

5장

청년과의 대화

반갑습니다.

저희 할아버님이 제가 목사가 되길 바라셨습니다. 목회자가 되진 못했지만, 목사님 쓰시는 마이크와 단상은 가끔 이렇게 쓰게 돼서 참 감사합니다.

오늘 저는 제 경험과 생각을 여러분과 나누려 합니다.

이기용 목사님께서 특강을 하라고 말씀을 하셔서, 제가 주저하지 않고 그냥 이런저런 저의 경험을 나누는 것이 여러분에게 조금 의미가 있을 수 있겠다 싶어서 "예" 했습니다. 편하게 쭉 말씀을 드리겠습니다.

오늘 이야기의 제목을 어떻게 할까 하다가 제 국회 방에 꽂혀 있는 여러 책 중에 『The Purpose Driven Life』(목적이 이끄는 삶)이라는 책이 보이길래 'Mission Driven Life'(사명이 이끄는 삶)라고 해봤습니다.

제가 지금 국회의원이에요. 스물여덟에 처음 출마해서 서른둘, 서른여섯에 최연소 국회의원을 하고 서른여덟에 그만둬서 2020년에 다시 국회의원이 됐어요. 그러니까 최연소를 한 것도 좀 그렇지만 18년 만에 다시 돌아온 것도 좀 특이하죠. 이제 다시 국회의원 되고 2년 반 정도 됐죠.

'하나님과 국민이 가장 두렵고, 감사합니다.'

2020년 선거를 할 때 제가 선거사무실에 써 붙였던 글이에요.

어떻게 보면 18년 야인생활의 결론이라고 볼 수 있죠. 그 시간을 거치는 동안 저는 사실 제가 다시 정치에 돌아오게 될 거라는 생각을 못 했어요. 많은 사람이 그렇게 생각했을 겁니다.

김민석이 다시 돌아와서 정치할 수 있다고 생각을 못 했는데, 그 긴 시간

다시, 김민석

을 거치면서 내 18년이 뭐였지? 생각하다가 한마디로 딱 정리를 해보니까 위의 한 줄이 딱 남더라고요. 저의 경험이 그냥 농축된 이야기예요.

하나님이 두렵고 하나님이 감사하고 국민이 두렵고 국민이 감사하고. 내 모든 어려움이 하나님과 국민에게 제가 잘못한 데서 생긴 것이고, 그래도 하나님하고 국민이 봐줘서 다시 이렇게 기회가 있을 수 있었구나! 그런 깨달음에 이 한 문장이 남았던 것 같습니다. 저는 그 시간 동안 정치인으로도 바닥, 경제적으로도 바닥, 가정으로도 바닥, 인간적으로도 바닥, 그런 시간을 거쳤습니다.

저기 잘 안 보이실 텐데요. (할아버지의 유언편지 PPT를 보여주며) 저게 원래는 옛날 문투로 쓰여 있던 것을 제가 필사한 거예요. 우리 할아버님이 쓰신 편지예요. 할아버지의 자식이 열 있고 제 아버님이 여덟 번째예요. 한 집에 셋씩만 낳으면 삼십 명이잖아요? 그중 유일하게 우리 집은 아들 셋이었는데 그 많은 손주 중에 저희에게만 유언을 남기셨어요.

제가 밑줄 친 부분을 읽어드리면,

"너희 할아버지의 유언이다. 민웅, 민화, 민석아. 부디 조부모의 유언은 누구든지 꼭 지키는 법이니 이 유언의 편지는 그냥 버리지 아니하고 언제까지나 잘 간수해두고 자손만대에 두고두고 보는 법이다."

또 추신으로 "참 좋은 인물 되려면은 구약과 신약 성경을 부지런히 보도록 힘쓰고 기도를 항상 힘써야 한다. 성경에 의심하는 것 있으면 교회 목사님에게 자주 물어보아라. 할아버지의 간곡한 부탁이다."

이렇게 저는 이른바 모태 신앙의 집안에서 컸습니다.

할아버님을 수목장으로 모셨는데 그 나무 비목에 '우리 집안의 믿음의 조상', 이렇게 제가 써드렸어요.

할아버지가 경상남도 사천에서 사시다가 서울에 와서 양복 기술을 배우셨는데 그때 교회를 다니라는 얘기를 듣고 부산에 가서서 지금 부산의 부전교회라는 큰 교회, 그때는 작았겠죠? 가봤더니 옛날엔 장로를 영수라고 불렀더군요. 양복 기술을 배우셔서 부전교회 영수가 되셨어요. 그런 집안에서 태어난 겁니다. 근데 사실 제 아버지 어머니는 교회를 열심히 안 다니셨어요. 저는 초중고 대학교까지 크리스마스 때는 빠지지 않고. 왜? 맛있는 거 주니까. 고등부 때는 친구들이 좋아서 다녔고. 뭐 이랬던 것 같아요.

제가 고3 때 명동에 있던 향린교회를 다녔는데, 제일 친했던 친구가 지금 미국 조지아에서 목회하는 친군데요. 연대 사회학과를 나와서 그 친구도 저처럼 대학교 때 데모하던 운동권이었어요. 둘이 고3 때까지 계속 고등부를 와서 주일 예배를 보고 끝나고 나면 같이 정독도서관에 가서 가방을 던져 놓고 놀러 다니던 그런 시절이 있습니다. 한마디로 우리 집안은 믿는 집안이었는데 제가 진짜로 열심히 믿었는지는 잘 모르겠어요. 그러나 세상을 살면서 종종 저는 어려운 일이 있을 때 제 옆에 우리 할아버지가 서 계신다는 생각을 많이 해요. 일종의 수호신같이 어려울 때 눈을 감고 있으면 할아버지가 저를 위해서 기도하시는 모습을 떠올리는 경우가 많이 있습니다.

우리 집이 돈이 많은 집은 아니었고 또 몹시 가난한 집도 아니고 딱 전형적인 중산층과 서민을 왔다 갔다 하는 집이었던 것 같아요. 저는 서울에서 자라났고 고등학교 때부터 집안이 아주 가난해서 하기보다 제가 하고 싶어서 신문 배달도 하고, 고등학교 때 제 친구들을 가르치는 과외를 해서 돈 벌기 시작하고, 고3 졸업하고 대학 때부터는 집에서 한 번도 돈을 안 받아보고 등록금을 벌어서 내고 이렇게 살았습니다. 저희 아버지가 막내인 저를 굉장히 사랑하셨는데요. 아버지 돌아가시고 발인하는 날 제가 엄청나게 울었는데, 눈물 콧물 나게 우는데, 지금 이 자리에 저희 아들이 와 있는데요. 쟤가 그때 "아빠 눈물 콧물 흘린다." 이래서 울다가 웃었던 기억이 납니다.

부모님께 제가 감사하게 생각하는 것은 돈을 물려주시거나 이런 건 없는데, 책을 좋아하셔서 늘 책을 읽는 모습을 보여줬던 것이 하나가 있고, 또 하나는 저희 아버지가 성격이 굉장히 강하셔서 형들은 혼이 많이 나기도 했는데 저한테만은 유독 "쟤는 알아서 할 거다." 그러시면서 한 번도 간섭을 안 하셨어요. 간섭을 안 하는 게 꼭 좋지는 않았다고 생각합니다. 적당한 간섭을 받는 것과 규제가 필요하기도 하다고 생각을 하는데 하여간 저는 굉장히 리버럴하게 자랐습니다. 그것이 제가 생각하는 가장 큰 유산이고 참 감사하다, 자유롭게 사는 것이. 이렇게 생각을 합니다. 저는 고3 때 대학진학을 준비하면서 꿈꾸기를, 나는 기자가 되거나 앵커맨이 되겠다, 이렇게 생각했습니다.

저기는 감옥인데요. (사진을 보여주며) 우연히 인터넷을 찾아보니까 감옥 내부가 있더라고요. 제가 1985년에 서울대 학생회장과 전국 학생연합 의장을 했습니다. 85년이면 전두환 대통령 시절입니다. 학교에 들어갔을 때 80년 광주사태라는 것을 보던 때죠. 그러다가 결국은 학생회장을 하고 감옥에 가서 5년 6개월 징역 선고를 받고 실제 3년 징역을 살았어요. 사실 저는요, 그렇게 용감한 사람이 아니어서 형님이 1980년에 데모하는 걸 구경을 했기 때문에, 대학 가서 내가 시위는 절대 안 하겠다고 딱 결심을 하고 간 사람입니다.

제가 82학번인데 여기 82년에 태어난 분도 계시죠? (웃음) 저는 대학을 가서 1년 동안 한 번도 시위에 끼지 않았어요. 그때는 모든 사람이 양심상 학생운동 하거나 응원한다 이런 분위기가 있었는데, 82년 말에 역사 왜곡 반대시위라는 게 있었습니다. 일본의 역사 교과서 왜곡에 항의하는 시위가 종로에서 있었는데, 구경은 가고 싶잖아요? 그래서 갔어요. 갔는데 전 당연히 행렬 제일 뒤에 섰겠죠? 그런데 조금 있다가 줄이 갑자기 서는 거예요. "뒤로! 뒤로!" 하더니 어떻게 됐겠어요? 제가 갑자기 맨 앞줄이 됐어요. 난 감하잖아요. 그게 제가 시위에 제일 앞에 섰던 첫날입니다. 근데 그때 그렇게 하고 보니까 다음부턴 제가 항상 앞에 섰어요. 왜 그러냐? 도망가기가 좋아요. 일단 시야가 확보되기 때문에, "아 이것이 괜찮구나!" 시작이 그렇게 됐습니다.

저는 원래 기자와 앵커를 꿈꿨고요. 4학년 때 서울대 학생회장이 됐는데 선거를 나갈 생각이 전혀 없었고, 남들 앞에서 이렇게 얘기하는 걸 좋아하는 스타일도 아니고. 제 별명이 무언(無言)이었어요. 말을 안 했어요. 어떻게 하다가 이렇게 된 거예요. 하여간 어쨌든 이렇게 됐습니다.

저의 하나님과의 첫 만남, 직접 예수님을 만난 경험은 저 감옥에서 이루어집니다.

1985년에 전두환 정권과 싸우다가 감옥에 들어갔는데 첫 재판이 86년 겨울에 있었어요.

서울구치소에 있다가(지금은 공원이 된, 유관순 열사도 계시던), 안양교도소로 갔어요. 보통은 아주 작은 독방인데 저는 정치범이라 큰 독방에 넣어 놓았어요. 감옥에 가면 저편에는 창문이 있고 이쪽에는 복도를 향하는 창살이 있습니다. 감옥에 가면 처음에 옆방에서 "야, 밤에 불 잘 끄고 자라." 이럽니다. 그래서 한참 찾다 보면 절대 못 찾아요. 왜? 감옥에서는 절대 불을 안 끕니다. 불을 끄면 사고가 생길 수 있으므로 불을 켜놓죠. 그래야 교도관들이 왔다 갔다 하면서 보기 때문에. 어쨌든 1986년, 첫 재판을 준비하면서 지냈어요.

여러분! 생각해 보세요. (제가 그때) 스무 살이에요. 전두환 정권과 싸우고 있어요. 내가 옳다고 생각해요. 너무 억울해요. 그 재판은 저의 정당함을 주장하는 첫 장이에요. 상대와 논리적인 전투를 해야 합니다. 얼마나 치열하게 준비했겠어요? 한 달 이상 준비를 하고 막판 일주일 정도는 거의 잠을 안 잤던 거 같아요. 그렇게 옆방에 있는 제 친구하고 막 통방하고 큰 목소리로 얘기하면서 제가 그 86년 겨울 1월인가 2월 밤 어느 날 밤 마지막에 도달했던 결론이 있습니다. 그거는 "혁명밖에 없다." 이거였어요. 방법이 없는 거예요.

꽉 막혔는데. 아무런 길이 없는. 말을 듣지도 않고, 아무런 길도 없고 사람들을 때려잡고 죽이고. 어떻게 하겠어요? 혁명으로, 무력으로라도 뒤집어 놓는 수밖에 없다. 예수님 십자가에 달렸을 때 그 옆에 달렸던 그 누구처럼 혁명밖에 없다고 제가 딱 결론을 내리는 그 밤 그 순간에 갑자기 제 앞에 뭐가 척! 하고 나타난 거예요. 예수님이 나타나신 거죠. 제가 그 전에 예수님을 본 적이 없잖아요! 그냥 척 나타났는데 그냥 저는 느낌이 예수님이라고 생각했어요. 창문을 열고 얘기하다가 예수님을 보고 너무 놀라서 소스라치듯 뒤를 딱 보는데 두 번째로 놀랐어요. 이 창살 앞에서 누가 저를 보고 있는 거예요.

제가 안양에 오기 전 서울구치소에 있었을 때 저를 특별히 돌봐주시던 전도사 교도관이 한 분 계셨는데요. 그분은 원래 서울에 있었어요. 근데 그분이 갑자기 거기 안양에 나타나서 제가 조금 전에 겪은 그 과정을 지켜본 거예요. 내가 그분께 방금 이런 일이 있었다고 막 얘기하는데, 이분이 당연히 알고 있었다는 것처럼 아무 말 안 하고 저희한테 편지를 하나 딱 주는 거예요.

원래 감옥은 8시에 아침 먹고 12시에 점심 먹고 4시에 저녁 먹고, 땡입니다. 배식을 다른 죄수들이 하므로, 밖에 나오면 안 되기 때문에 그렇게 끝나요. 여덟 시간 동안 밥 먹어요. 그래서 제가 평생 습관이 12시가 되면 밥 먹습니다. 1분 지나면 너무 배가 고파요.

달리 얘기하면 거기선 편지를 배달도 4시, 5시가 지나면 교도관들도 왔다 갔다 하지 못하는 거예요. 편지를 주는 시간이 아닌데 안양에 없었던 분이 그날 서울서 전근을 왔고, 저를 만나기 위해 편지를 준다는 명목으로 그 시간, 자정에 거기 오셨다가 그 장면을 본 거예요.

그분이 들고 왔던 편지는, 저희 아버지 형제 열 분 중에 가장 가난했던,

소년 시절에 시각을 잃고 평생 시각장애인으로 살았고 어린 시절에 배운 일어로 일본까지 찬양 간증을 다니던, 충청도 충광농원에 사시던, 한센병 환자들의 재활공동체를 위해서 사역을 하시던 장로 큰아버지의 편지였어요. 그 큰아버지가 쓰신 편지의 마지막 한 문장이 눈에 딱 들어왔어요. "이 밤도 너를 위해 눈물로 기도한다."

제가 그 구절을 보고 그냥 그 자리에 무너져서 펑펑 울다가 울고 또 울고, 뭐 왜 울었는지 모르지만 울다가 잠들었습니다.

그다음 날 아침 눈을 떴는데, 저 창살 밖에 교도소의 잡초들이 있습니다. 참으로 놀랍게도 교도소 담장 안에 있는 상추와 교도소 담장 밖에 있는 상추는 다릅니다. 담장 안의 상추는 시들시들합니다. 기운이 달라요. 근데 제가 그 펑펑 울고 일어나서 밖을 보는데, 그동안은 한 번도 못 느꼈는데 어쩜 그렇게 들꽃들이 아름다운지, 세상이 아름답게 보였어요. 그때 이후로 제가 바뀐 거예요. 뭐가 바뀌었냐? "아, 이게 세상이 제도와 사회를 바꾼다고 되는 게 아니로구나, 세상의 진정한 변화는 결국은 제도와 사회를 바꾸는 것도 엄청나게 중요하지만, 그러나 진짜 인간의 근본을 변화시키는 그런 영적 변화 없이는 안 되는구나." 하는 걸 알았고, "하나님이 계시는구나!" 하는 걸 그냥 알아버린 거죠. 그래서 그날 이후로는 저는 그냥 믿어요.

그날 이후 제가 고등학교 때 다녔던 향린교회 김호식 목사님한테 편지를 썼더니 목사님이 오셨어요. 목사님이 그때 말씀하시기를 제 얼굴이 너무 밝았다고 그랬던 것이 어떻게 보면 첫 번째 저의 직접적인 영적 체험입니다.

제 인생에서 물론 할아버지의 믿음이 있었고, 어릴 때부터 교회를 맛난 거 먹으러 다니고 친구들 보러 다녔지만, 그날 이후로 저는 체험을 통해서 하나님의 존재를 믿죠. 제가 20대 초반이던 저 감옥에선 사실 여러 일이 있었습니다. 저희 삼 형제 중 둘째 형을 저기서 잃었고요. 우리 둘째 형이 교통사고가 났는데 감옥에서 얘기를 안 해주고 갑자기 저보고 밖에 놀러 가자고. 청주에 있을 때 서울까지 가서 상가에 딱 들어가는데, 들어가는 순간 우리 형 상가인 거예요. 얼마나 황당하겠어요? 그때는 전두환 때여서 못 나오는데 김영삼, 김대중 이런 분들이 야당 총재일 때 제가 감옥에서 장례에 참석하러 나오게 도와줬지만 안 되고, 결국 김수환 추기경께서 도와주셔서 제가 잠깐 나갔는데요. 그냥 이렇게 옷이 갈아입혀지면서 들어갔는데 아무것도 이해할 수가 없잖아요. 우리 형 영정을 보면서, 아버지가 옆에 오셨는데 "어떻게 된 거냐고? 우리 형이". (여쭤보니) "네 형이 교통사고로 갔다." 3초 묵념하고 돌아서는 순간에 저 말고 다른 당시 감옥에 갇혀 있던 학생들과 장기수 어머니들이 저를 둘러싸면서 우는데, 제가 미안하더라고요. 여기 나는 이렇게라도 나왔는데, 이분들은 자식이 보고 싶었는데 그것도 못 나오니까. 제가 불쌍한 한편 제가 부러운 거예요. 그분들한테 미안하고. 어쩔 수 없이 제가 인사말을 해야 하는 상황에서 그분들을 위로했어요.

그렇게 하고 다시 감옥에 돌아가서 그날 밤 이불을 덮고 펑펑 울었습니다. 무섭더라고요. 뭐 이런 등등의 상황을 겪었죠. 지금은 감옥이 많이 좋아졌는데 저 바닥을 들추면 그냥 맨땅이어서 아침이면 물이 축축하게 고이던 시절이었어요. 그래서 이십 대 이후에 제가 사실은 지금까지 목하고 허리가 안 좋습니다. 이른바 골병이라는 거죠. 한 10년, 20년 정도는 허리를 못 썼고요. 지금도 목이 안 좋아요. 그냥 목이 아픈 것을 기정사실로 하고

다시, 김민석

몸을 버티는 노력을 한 40년 이상, 한 거예요. 어쨌든 그렇게 하면서 왔습니다.

그 시절 제가 가장 많이 읽었던 구절이 잠언 16장 9절입니다. "사람이 마음으로 자기의 길을 계획할지라도 그의 걸음을 인도하시는 이는 여호와시니라." 저 때 이후, 말씀드린 대로 저는 많은 업앤다운이 있었지만, 하나님이 계심은 인정했습니다. 저 구절을 계속 읽으면서 저는 두 가지를 생각했어요. 하나는, 주권이라는 게 하나님한테 있구나. 두 번째로는, 그런데 사람이 계획은 세워야 하는구나. 계획을 안 세우면 말짱 꽝이다. 아무리 하나님이 도와주셔도 사람이 열심히 해야 하는구나 이런 생각을 했습니다. 제가 감옥에서 나온 것이 85년. 제가 정치를 그 또한, 원래 하려고 시작한 것이 아니라, 87년 이후에 민주화가 되면서 선배들이, 여러분 혹시 이름을 기억하실지 모르겠지만 김근태, 뭐 이런 분들이 정치하시는 게 좋겠다고 생각하고 도와드렸는데. 88년 이후 민주화가 돼서 첫 총선을 할 때, 젊은 사람 중에도 하나는 해야 한다고 해서 갑자기 제가 차출되어서 직접 정치를 하게 됐습니다.

스물여덟 첫 선거에 떨어지고 서른둘이 되고 서른여섯에 되고. 비교적 잘나간 거죠. 2002년에 서른여덟. 김대중 대통령 시절, 집권당 대통령이자 총재였던 김대중 총재의 비서실장이면서 시쳇말로 황태자라고 불리면서 창당도 해보고 영입도 해보고 공천도 해보고 정치권에서 핵심적으로 할 수 있는 거의 모든 일을 정말 많이 해봤어요. 그때 사람들이 "앞으로 꿈이 뭐냐?" 물으면 농반진반 저는 "첫째는 나이가 들어서도 영혼이 맑은 정치를 하고 싶다. 두 번째는 한국에서 정치하고 싶은 만큼 하다가 유엔 사무총장이 되고 싶다."이랬어요. 근데 저는 90년대에는 한국에서 유엔 사무총장이 나오지 않을 거로 생각했습니다. 남북이 분단되어 있으므로 남북 관계가 좋아서 통일되고 나서, 즉 한 30년 있으면 하나 나오지 않겠나 생각했는데 바로 UN사무총장이 나오더라고요. 반기문. 그래서 제가 그 후로 "이제 유엔 사무총장이 나왔고 2~30년 동안은 다시 한국에 안 줄 거 같으니까, 아시아 공동체를 만들어서 의장을 해야 하겠다." 이런 얘기를 농반진반 했던 적이 있는데요. 어쨌든 서른여덟에 집권당에서 치열한 경선을 해서 서울시장 후보가 됐으니까 비교적 잘나간 거죠. 그러다가 2002년, 즉 96년에 국회의원이 되고 딱 6년간 정치 생활을 하고 그 후 18년을 바닥을 기었습니다.

제가 지난 총선에 나갈 때 어떤 분이 제게 다산 정약용 선생도 유배 생활을 18년 했다고 하면서 다산의 글씨를 적은 액자를 주더라고요. 근데 여러분 세상이 참 재밌어요. 성경은 한편으로는 광야의 역사잖아요? 유배의 역사고 고난의 역사 아닙니까! 아까 말씀드렸듯이 저는요, 김민석이 끝났다. 김민석이 죽었다. 더 나아가서 누가 김민석 옆에 서 있는 것조차 부끄러움이던 시절을 많이 겪었습니다. 저 같은 사람이 다시 마이크를 잡고 사람 앞에 선다는 것이 얼마나 두려운 일인지를 저는 압니다. 사람들 앞에 설 생각을 안 했어요. 그런 시간이 있었습니다. 심지어 누가 자살을 하면서 거짓말로 저를 음해하는 투서를 한 황당한 일을 겪어보기도 했어요. 그 투서를 쓴 상황이 거짓이었다는 것을 우연히 녹취한 녹음이 없었다면 저는 파렴치범이 돼서 감옥에 갇히고 그 부끄러움 때문에 아마 자살을 했을지도 모르

다시, 김민석

는 그런 상황까지 겪었어요. 참 별일을 다 겪어본 거죠. 소설처럼.

우리 막내가 이 자리에 오늘 와 있는데, 그 사이에 가정적인 아픔도 있었어요. 정치적으로 어려움이 너무 많았고 이혼을 하게 됐어요. 제 인생에서 돌아보면 가장 행복했던 시간이 저 둘째를 데리고 제가 백수일 때, 학교를 데리고 왔다 갔다 했던 시간입니다. 제일 행복했었어요. 그런데 사실은 가정이 깨지고 이혼을 할 때 아무것도 슬프지 않았는데, 쟤가 없어지니까 슬프더라고요. 그래서 제가 술을 잘 안 먹는데 혼자 소주를 마시면서 눈물을 흘렸던 기억이 나요. 참 감사하게 사실은 저 친구가 이제 고3인데 이렇게 서울에 잘 있지 않은데 오늘 우연히 기회가 돼서 오라고 했는데 같이 이렇게 시간을 나눌 수 있다는 것이 너무나 감사합니다.

광야와 유배와 고난이 결국은 무엇인가로 이어지는가? 그것은 훈련이기 때문에 그렇다고 생각합니다. 여러분! 고난이 없는 금메달은 없잖아요. 동메달도 없고. 사자도 자식을 낭떠러지로 떨어뜨리고, 젊어서 고생을 사서 하고. 우리가 사랑받지 않는다면 훈련받을 일은 없지 않겠어요?

제가요. 김대중 대통령의 비서실장을 해서, 김대중 대통령이 당선되는 대통령 선거 때 선거 기간 내내 바로 승용차 옆자리에 앉아 다녔어요. 제일 젊다고 해서, 뭘 알아서가 아니라 "그냥 옆에 앉아 다녀." 해서 앉아 다닌 거예요. 내일이 대통령 선거에서 당선되는 날인데 김대중 대통령이 중국 음식을 좋아하셨어요. 당선 전날 중국집에 가서 중국 음식을 먹는데, 제가 지켜본 김대중이라는 사람은, 여러분이 혹시 읽어보시면 아시겠죠. 정말 많이 떨어졌거든요. 계속 떨어졌어요. IMF 외환 위기라는 가장 어려운 시기에 대통령이 되는 거였고, 김대중이 고난을 겪으면서 생겼던 국제적인 명망과 국제적인 신뢰가 역할을 할 것이라는 기대가 있었고, 실제로 이바지했어요. IMF를 조기 극복하는 데도 이바지했고, 디제이가 한일 문화교류를 풀면서 그게 오늘 한류의 기반이 됐고, DJ가 감옥에 있었을 때 앨빈 토플러를 읽으며 지식 문명을 고민했던 것이 오늘 IT의 기반이 돼서 그 기반으로 우리가 먹고사는 게 많아요. 그날 제가 짜장면 먹다가 "총재님" 그땐 이렇게 불렀어요. "평생 그렇게 떨어지신 게 나라가 이렇게 어려울 때 이때 써먹으려고 그러셨나 봅니다." 제가 그냥 밥 먹다가 별로 할 얘기도 없고 그냥 그런 생각도 들고 그렇게 얘기했어요. 근데 DJ가 "그런 것 같지." 이러면서 갑자기 우시는 거예요. 제 앞에서. 내일 대선 당선되는 날인데, 저하고 국회의원 또 한 분이 있었어요. 밥 먹다 말고 우리가 얼마나 뻘쭘했겠어요!

선거를 치르면 사람은 제정신이 아닙니다. 아무리 탁월한 사람도 선거는 제정신으로 치르지 못합니다. 근데 난다긴다하는 젊은 국회의원들이 옆에서 "이러면 안 됩니다. 저러면 안 됩니다.", "이러면 질 수 있습니다." 하는데 DJ가 한 번도 안 흔들리고 일관되게 가더라고요. 그때 제가 속으로 무슨 생각을 했냐. "(그동안) 떨어진 게 복이로구나." 이렇게 생각했어요. 하도 많이 떨어져 봐서 어지간한 거에 흔들리지 않더라고요. 저런 것이 결국 국정을 운영할 수 있는, 위기를 돌파하는 힘이겠구나, 그런 생각을 해봤어요.

비교할 순 없지만, 저도 18년 광야의 야인생활을 지나면서, "아, 그래. 이거는 괜찮았다." 이런 생각이 들 때가 있었어요. 제가 사십 대 중반에 미국

다시, 김민석

가서 변호사 시험을 봤어요. 국회의원이 안 되고 이것저것 하다 하다 안 돼서, 그때 누가 저한테 "그래도 먹고살아야 하니까 미국 가서 변호사 시험을 좀 봐서 해봐라." 그런데 사십이 넘어서 쉽지가 않아요. 제가 해보니까 사실은요 미국 사람들이 별것 아니라, 내가 영어만 펄펄 난다면 똑같은 시간 주고 시험 본다면 100% 이기겠더라고요. 근데 로스쿨 시험이라는 건 일종의 속도전이에요. 객관식, 주관식이 있는데, 객관식 백 문제 정도를 마구 달려가듯이 풀어야 하는 거예요. 케이스, 케이스, 케이스를 찍고 가야 하는데 못 하겠더라고요. 처음에 미국 가서 시험을 보는데 100점 만점이면 50점 정도가 나오는 거예요. 한 70점을 넘겨야 하는데 난감하더라고요. 일단 빨리 읽고 빨리빨리 판단하는 게 안 돼요. 이게 될까? 결국, 하여간 결론은 7~80점까지 올렸습니다. 시험을 보는 날, 한 이 300명이 시험장에 쫙 앉아 있어요. 노트북으로 시험을 봐요. 노트북으로 해서 바로 제출하는 거예요. 노트북으로 연습을 엄청나게 했어요. 객관식은 끝났고, 다음 날. 주관식 네 문제 나와요. 시험 보다가 혹시 에러가 나면 손만 조용히 들면 와서 노트북을 고쳐줘요. 그게 아니면 글씨로 써야 하는데, 두 문제 반쯤 썼는데 갑자기 노트북이 딱 안 되는 거예요. 너무 난감한 그 순간 제가 헤매니까 시험 감독관이 감 잡고 와서 노트북 고쳐서 하라 했는데, 제가 순간적으로 이걸 고쳐서 하다가 또 안 되면 나는 완전히 꽝이구나 싶어서 그냥 연필로 쓰기 시작했어요. 그런데 시험준비를 하면서 연필로 쓰는 연습을 한 번도 안 해봤어요. 요새 연필로 쓰세요? 한글도 안 쓰는데 영어를 제가 써봤겠어요? 돌겠더라고요. 시간은 (이미 두 문제 반 썼으니까) 얼마 안 남았잖아요. 그 순간에 미묘한 긴장이 있잖아요. 옆자리에 있는 친구들도 뭔가 이상하다고 생각할 거 아니에요. 근데 내가 그 친구한테 손해를 끼칠 수가 없잖아요. 일부러 비싼 돈 주고 새로 산 노트북인데 안 되고. 쓰다 보니까 글씨는 개발새발. 내가 봐도 못 알아보겠더라고요. 알아볼 수가 없죠. 더구나 자신이 없으니까 필기체로는 도저히 쓸 수가 없어요. 인쇄체로 쓰는데 진짜 처음 써보는 거예요. 세 문제 딱 쓰고 시간이 끝날 때가 돼서 결국 한 문제는 시간이 안 되잖아요. 결론적으로 제 상황은, 객관식은 어느 정도 패스했다고 감 잡았어요. 왜냐하면, 열심히 하면서 좀 올렸거든요. 주관식은 도저히 안 되는 거예요. 네 개 중에 최소한 세 개 이상은 쓰고 점수가 기본이 나와야 하는데. 저는 당황했고 글씨는 개판이고, 엉망인 글씨를 시험관들이 보면 짜증 날 게 뻔하잖아요. 일단 짜증 나면 잘 점수 안 주잖아요. 그리고 한 문제는 아예 못 썼잖아요. '끝났구나!' 사실 그때 저는 포기했습니다. 다시 시험을 볼 생각은 안 했어요. 제가 미국 변호사 돼도 '미국에서 변호사 생활하며 살아야 하겠다.' 이런 생각을 한 건 아니고. 미국은 법이 지배하는 나라니까 법 공부를 하면 미국정치를 이해하는 데 도움이 되겠다. 그래서 공부했고, 다시 시험을 볼 자신도 없고 너무 끔찍하더라고요. 근데 그렇게 시험 딱 마치고 나오면서 제가 "하나님, 감사합니다." 이러고 나왔어요. 그냥, 마무리할 수 있게 돼서 하나님 감사합니다. 그리고 옆 친구한테 폐를 안 끼친 게 고맙더라고요. 그냥 "Thank God!" 이러고 나왔습니다.

제가 스스로 생각하기를, 그때가 18년 중 한 12~3년 지났을 때겠죠? 내가 그사이에 꿇은 게 괜찮은 게 있네, 그냥 맷집이 좀 생겼네, 속으로 그냥 그러고 나온 거예요. 털어내고 나왔어요. 제가 18년이 이렇게 지나갈 줄 알았으면 절대 못 왔습니다. 8년쯤 지났을 때 언제 특별한 꿈을 꿨는데, 목사님인 저희 형님한테 얘기했더니 우리 형님이 그때 얘기를 안 해줬는데 나중에 얘기해주더라고요. 자기가 그 꿈을 듣고 기도를 했는데, 민석이가 십년 정도 더 꿇는다고 응답받았다. 저한테 얘기를 못 해준 거예요. 저는 그 얘길 그때 들었으면 돌았을 겁니다. 18년을 꿇어야겠지 하면 갈 수가 없잖아요! 다행히 저는 성격이 굉장히 긍정적인 사람이었어요. 타고나기를 아주 긍정적이고 낙천적인 사람이어서 그리고 다행히 주변에 사람들이 있었죠. 시험 결과 어떻게 됐게요? 놀랍게도 제가 됐어요. 됐는데 어떻게 됐는지 아세요? 네 번째 문제가 어려워서 다들 못 쓴 거예요. 객관식은 어느 정도 받고 주관식을 열나게 썼는데 분명히 시험관이 짜증 내서 좋은 점수는 안 줬겠지만 패스할 만큼 달랑달랑했을 것이고.

저는 국회의원 하면서, "전 지역을 살아보자." 그래서 대림동에서 시작해서 집을 살 수도 있었는데 굳이 안 사고 내 지역구니까 9개 동에 있는데 다 살아봐야지. 대림1동, 대림2동, 대림3동, 쫙 돌아서 여의도까지 다 살아보고. 그래서 지금도 제가 집이 없어요. 18년 버틴 다음에 당에서 저한테 어떤 좋은 지역구를 줬는데 너무 오랫동안 저를 위해 고생한 저의 진짜 친한 동지가 거기 나가고 싶어 하는 것 같아요. 그래서 제가 그냥 눈 딱 감고 나가라고 하고서 앞날이 어떻게 될지 전혀 모르는 상태에서, 어디를 와서 잠깐 있었냐. 밤동산 아세요? 신길역 뒤로 이렇게 쭉 나가면 여의도와 신길동이 지나가는 대방역 뒷골목, 거길 밤동산이라고 합니다. 굉장히 매력적인 동네인데 거기 잠깐 살았어요. 거기 있을 때 우연히 신길교회로 온 거예요. 제가 지역구에서 여러 교회를 다녀봤잖아요? 원래는 여의도에 살면서 우리 애들도 침례 유치원 다닐 때 여의도침례교회를 다녔어요. 제가 아까 말씀드린 고등부, 대학 다니던 향린교회 목사님께 세례를 받고, 침례교회에서 집사가 되고, 집사 된 지 20년인데 이번에 제가 안수 집사가 되거든요.

그때 잠시 밤동산에 살게 됐다가 우연히 신길교회에 왔는데, 그때가 언제였냐 청년수련회를 하는 때였어요. 캄캄한 데 들어왔는데 막 뜨겁게들 기도하고 있더라고요. '역전되리라'라는 찬양이 흘러나오는 시간이었는데, 그때 너무 좋아서 제가 앉아서 기도하고 그날부터 신길교회를 다녔는데요. 그전에 한 20년 전에 국회의원 할 때 신길교회 두 번인가 왔었어요. 이신웅 목사님 계실 때. 근데 저는 기본적으로 집 가까운 데 있는 교회를 다니는 게 늘 원칙이었어요. 사실 영등포에서 다시 국회의원 나올지도 몰랐어요. 근데 나중에 보니까 그날 제가 앉았는데 제 뒤에 누가 앉았냐, 사모님이 앉으셨던 거예요. 목사님 사모님이 저를 뒤에서 알아보신 거예요. "저 사람 김민석인데!" 여러분은 몰라도 제 연배에서는 제가 좀 잘나갔었어요. 좀 유명해요. 서른여덟에 국회의원 할 정도면 당연히 다 저게 다음엔 뭐 하고 다음엔 뭐 하겠구나! 이렇게 생각했겠죠. 너무 정상이잖아요. 남들도 그렇게 생각하고 저도 그렇게 생각하는 게 정상이잖아요.

사실 제가 국회의원이 다시 된 건 기적입니다. 지난번에 현역 의원하고 경선해서 됐는데요. 서울에서 현역 의원하고 경선해서 된 사람이 딱 셋이었는데 둘은 직전까지 구청장. 저는 18년 동안 아무것도 없이 이름 하나 갖고 와서 된 거예요. 기적이지요. 근데 어느 날 새벽 기도를 하는데 갑자기, 저는 사실 응답이 뭔지 잘 몰랐어요. 그날 그냥 느낌이 척 오는데 제가 그때 재혼할 저희 아내와 같이 교회를 다니고 있었어요. 아직 결혼할 생각을 안 하고 있었어요. 나도 백수, 어쩌다 보니까 저희 아내도 사업하다 백수,

그리고 선거는 곧 있고 어떻게 될지도 모르고 결혼할 상황이 아닌 거예요. 제가 솔직히 결혼할 생각을 못 하고 있었는데, 기도하고 있는데, 새벽에 "신길교회에서 결혼으로 다시 시작하라!" 정확하게 "신길교회에서 결혼"으로, 이런 소리가 들린 것 같아요. 그래, 눈 딱 감고 일단 결혼식 하자. 저게 결혼도 안 하고 이혼한 놈이라고 나오면 얼마나 씹히겠나. 원래는 갑자기 재혼하지 않는 게 좋다, 정치적으로 등등 여러 주변 의견이 많았어요. 신길교회 이기용 목사님께서 주례를 서주셨는데 나중에 목사님의 말씀에 의하면, 마치 그날이 영적 출발이었던 것처럼 됐어요. 정말 저는 사람들이 결혼식에 몇 명이나 올까 했는데, 여기를 꽉 채우고. 그날 국수를 했는데 삼천 명이 와버렸어요. 어쨌든 그렇게 제가 된 거죠.

자, 이제 제 18년의 터널은 끝났겠죠?

드디어 해피엔딩. 제가 국회의원이 됐는데. 3선 국회의원이 되었지만, 마음으로 나는 초선으로 살아야지, 이제 너무 오래 비었으니까. 제가 국회의원 처음에 할 때 6년을 좀 잘나갔어요. 이른바 1등 국회의원이었습니다. 그때는 젊은 사람이 저밖에 없었고 열심히 한 사람도 별로 없었고 정치인들이 공부도 별로 안 해서 좀 하면 평가를 받았어요. 평가마다 1년 내내 1등 국회의원, 그러니까 38세 서울시장 후보도 할 수 있었겠죠. 근데 세상이 바뀌었잖아요. 다 열심히 하잖아요. 그리고 이미 저도 이제 약간 나이가 있잖아요. 제 동료와 후배들까지 있잖아요. 제가 1등 할 자신은 없더라고요. 그냥 조용히 의정활동 잘하면서 살아야지, 그래도 해피한 거잖아요. 국회의원도 됐으니까 너무 해피해야 되는데, 말씀드렸다시피 제가 굉장히 긍정적인 사람이라고 했잖아요. 그 18년 동안 사람들이 저 옆에 버텨준 이유는

"야, 쟤는 남들 같으면 벌써 죽었을 것 같은데 어떻게 저렇게 밝지?" 꼭 신앙 때문도 아니었어요. 그냥 제가 성격이 좀 단순해서 그냥 해피한 거였어요. 그런데요, 제가 이제야 고백하지만, 국회의원이 되고 지난 2년 반 바로 지난 연말 직전까지 저는 제 인생에서 가장 어려운 시기를 겪었습니다. 너무 어려운 시기, 바닥 같은 시기, 남들은 다 터널이 끝났다고 생각했는데. "하나님 참 감사합니다. 살아났습니다."라고까지 제가 했고, 감옥에서 하나님이 계셨다는 주권도 인정했고, 18년을 이겨내서 이젠 뭔가 해야 하는데, 진짜 김민석의 바닥이 시작된 겁니다.

아무것도 못 하겠는 거예요. 무기력한 3년이었습니다. 솔직히 말씀드리면요. 제가 어느 시기에는 인터넷으로 보면서 우울증, 극단적 선택, 우울증 테스트 다 봤어요. 그래서 저는 극단적 우울이라는 것이 무엇인가라는 것을 비로소 이해할 수 있게 됐어요. 침대에 붙어 있는 거죠. 아무도 몰라요. 저희 아내만 압니다. 꼭 일해야 할 때 어쩔 수 없이 기본을 해야 하니까 꼭 나가서 국회에서 하는데 옛날 구력이 있으니까 그런대로 잘한다는 평가도 받지만, 정신력도 안 되고 체력도 안 되고 심력이 안 돼서 그거하고 바닥, 그거하고 바닥, 이렇게 2년 너무 힘들어서 가장 클라이맥스가 작년 여름. 죽겠더라고요. 도저히 못 가겠더라고. 그래서 매일매일 극단을 생각했어요. 자신이 없는 거예요. 내가 뭘 잘할 수 있지? 영어는 왜 이렇게 안 되지? 경제 돌아가는 걸 왜 모르겠지? 환율하고 금리를 왜 내가 생각을 못 하겠지? 국제 정세가 이렇게 됐는데 내가 정치인이라면 알아야 하는데 왜 모르겠지? 난 이미 왜 늙어버렸지? 이제 나는 옛날같이 인기가 왜 없지? 할 수 있는 게 뭐가 있지? 정치인으로서 내가 꿈이 있을까? 이게 의미가 있나?

다시, 김민석

그냥 내가 직업 정치인 하는 거 외에 무슨 의미가 있지? 꼭 해야 해? 집도 없고 가난하니까, 그래도 살아남아야 하니까 일단 버텨내야 하는데, 남들 눈에 띄지 않게 하긴 해야 하는데! 라는 시간이 너무 힘들어서 남들 호캉스 가듯이 호캉스라도 갈까 하고 고민하다가 제가 선택한 게 기도원을 간 거예요. 안양에 있는 갈멜산에 갔는데 기도를 못 하겠더라고요. 일주일 내내 그냥 침대에 붙어 있었어요. 바닥에 착 붙어 있어요. 회복되지 않았습니다.

제가 원래 밝았는데요. 남들이 얘기 안 했지만, 국회에 있는 제 친구들이 걱정하고 제가 제 얼굴을 알고 우울하고, 처음으로 내가 우울한 거 그래서 저는 그때 느꼈어요. 사람이라는 건요, 환경으로 행복과 불행이 결정되지 않아요. 재벌과 재벌의 자식들이 자살하잖아요. 제가 우연히 다니엘 기도회의 손경민 목사님을 봤는데 너무 환경이 어려운데도 행복하잖아요. 어떻게 가능하죠? 왜 제게 그런 3년의 세월이 있었을까요? 저의 극복은 18년을 꿇고 돌아와서 다시 3년, 21년 만에 바닥을 치고 제가 이제 회복했습니다. 올 부흥회를 지나면서 이제 회복해서 이제는 제가 느낍니다. 저는 회복의 길에 들어섰습니다. 그런데 왜 그랬을까? 제가 최근에 깨달았어요. 소싯적에 잘나갔잖아요? 속으로는 제가 비교적 똑똑하다고 생각할 거 아니에요? 제가 이른바 가방끈이 괜찮아요. 서울대 나오고 하버드 나오고 중국 칭화대 나오고 로스쿨 나오고 미국 변호사 있으면 그런대로 괜찮잖아요? 솔직히 근데 영어도 잘 안 되고 무조건 정말 자신 있게 할 수 있는 건 별로 없어요. 그렇지만 남들 보기엔 좀 잘한다고 했을 거 아니에요? 아마 제가 지난 3년 동안 그렇게 바닥을 기지 않았으면 저는 18년 만에 돌아와서 펄

펄 날다가 또 넘어졌을 겁니다. 지나간 3년은 힘을 빼기 위한 시간이었다, 힘이 완전히 빠져버린 후에 "아, 내가 정말 할 수 있는 게 없네, 아무것도 없네." 하고 완전히 내려놓는 순간에 저는 비로소 회복되기 시작했다고 생각합니다.

사람이 할 수 있는 게 없어요. 여러분!

전 세계에서 역사상 공부 제일 많이 한 사람 중의 하나가 공자겠죠. 4대 성인 중에 나머지는 다 종교인데 공자는 종교도 아닌데 성인이잖아요. 공부 제일 많이 한 공자가 제일 높이 평가하는 책이 주역이에요. 논어, 대학, 맹자, 중용 4대 서적 중에. 주역이 보통 점책인 줄 알죠? 아니에요. 공자가 엄청나게 읽어서 하도 많이 읽어서 끈이 떨어졌다고 할 정도의 책이 주역인데 그 주역에 많은 괘가 있는데, 그 주역을 저는 점책이 아니라 철학으로 봅니다. 어떻게 살 것인가 가장 중요한 괘가 뭐냐? 겸 괘입니다. 겸손의 겸 괘, 그래서 주역에서 겸을 이야기합니다. 주역에서 많은 겸을 설명합니다. 이런 겸 저런 겸. 그런데 진짜 가장 겸손할 수 있는 겸은 뭐죠? 우리 목사님이 가끔 말씀하시면서 "하나님, 저를 뒤에 감추시고." 하나님이 대장이고 그냥 우리는 통로라는 것을 아는데 그걸 아는 것만큼 겸손할 수밖에 없는 겸손이 어디 있겠어요? 공자가 엄청나게 고민하고 공부했을 주역의 겸 괘가 사실 저는 그런 거라고 봅니다.

이제 좀 다른 얘기를 해보죠.

여러분 우리 다들 고민하죠? 어떻게 하고 싶죠? 힘을 갖고 싶죠? 똑똑해지고 싶고, 힘을 갖고 싶고, 돈을 벌고 싶고, 잘나가는 사람을 알고 싶고. 이

중에 누가 제일 셀 것 같아요? 제가 공교롭게도 박정희 대통령을 존경해봤고 전두환 대통령하고는 싸움을 해봤고 전두환 대통령 아들 출판사에서 책을 내봤고, 그래서 그 아들과 만나봤고, 노태우 대통령에게는 사면을 받아봤고, 노태우 대통령 아들과는 지금도 친하게 지내고 있고, 김영삼 대통령에게는 비교적 이쁨을 받아봤고, 김대중 대통령과도 가깝게 지내봤고, 노무현 대통령과도 그렇고 문재인 대통령은 당연히 알았겠죠. 이명박 대통령하고는 직접 선거에서 상대를 해봤고. 윤석열 대통령은 만나지 않고 있지만 제가 가끔 비판하고 있고. 곧 만나겠죠. 국회의원이니까 만나서 대화하겠죠. 잘나가는 사람들 있죠? 별거 없어요, 여러분. 가까이서 지켜보니까 별거 없습니다. 똑같아요.

위대하다고 존경받는 대통령들이 있습니다.

링컨, 김대중, 저는 김대중 대통령 존경해요. 링컨 존경받죠. 링컨 대통령에 관해 좋아하는 책이 있어요. 제가 『백악관을 기도실로 만든 대통령』이라는 책 좋아했어요. 얼마 전에 제 다음 3시에 여러분께 특강을 하실 전준수 집사님이 저한테 어떤 책을 소개하더라고요. 아주 좋은 책이라고. 링컨에 관한 책이었어요. 읽었는데 사실 굉장히 실망했어요. 모르겠더라고요. 이게 뭐가 위대하다는 거지? 내내 읽으면서 보니까 링컨이 너무 무능한 거예요. 대통령이 됐는데도 사실 국정 운영 능력이 없고 판단을 못 하는 거예요. 그런데 그 책을 덮고서 제가 어느 날 깨달았어요. 링컨의 위대함과 탁월한 국정 역량이, 그 별로 유능하지 않던 링컨을 세계 역사상 가장 위대한 지도자로 만든 게 아닙니다. 그냥 하나님이 세우신 거예요. 그리고 그냥 하나님이 그에게 지혜를 불어넣는 거예요. 지혜도 마찬가지입니다, 여러분. 지혜로워지고 싶잖아요.

근데 지혜가 뭐예요. 지혜의 근본이 하나님을 경외하는 거잖아요. 겪어 보세요. 제가요, 엄청나게 머리를 많이 써서 다양한 작전을 구사해 봤습니다. 그런데 전혀 생각해 보지 못했던 일이 일어나서 왕창 깨져서 18년을 고생한 겁니다. 사람, 계획대로 되지 않습니다.

김대중 대통령이 대통령 수칙이라는 걸 썼어요. 대통령이실 때.

마지막 15번이, "나는 할 수 있다. 하나님께서 같이 계시다."입니다.

DJ는 진심으로 하나님을 믿었습니다.

돈 벌고 싶죠? 제가 가끔 얘기합니다. 돈 버는 데 전 최근에 5단계를 생각했어요.

네 단계를 가끔 얘기합니다. 돈 버는 데 네 단계가 있다. 첫째, 열심히 해서 돈 버는 거, 두 번째, 남이 해놓은 거 합치는 거, M&A, 수고는 덜하고 돈은 더 많이 벌어요. 셋째, 좋은 일 한다면서, ESG, 우리는 좋은 일 합니다. 그리고 돈도 벌고 괜찮잖아요. 넷째, 안 번다 그러면서 버는 거. 빌 게이츠, 요새 안 번다 그래요. 재단을 운영해요. 제가 보건복지위원장이었기 때문에 그 재단 사람들도 만나봤고. 그런데 돈 많이 벌어요. 좋은 일 하면서. 그러니까 꼭 열심히 하는 게 돈 버는 길이 아니다. 최근에 생각했어요. 5단계가 있다. 하나님이 돈을 만들잖아요. 은행이 만드는 게 아니잖아요. 부를 만들어내잖아요. 지혜도 권력도 부도. 여러분, 인생 단순합니다. 센 데 붙어야 하는 거예요. 진짜 뭐가 센 거를 알아야 하는 거예요. 그 센 데 어떻게 가느냐? 이 방법 외에 뭐가 있어요?

첫째, 제가 해보니까 새벽 기도가 짱이더라고요. 우리 집사람하고 저하고 냉장고에 붙여놨어요. 그래서 몇 가지 했는데 올해는 다행히 우리의 약속을 지키고 있습니다. 새벽 기도해야 해요. 항상 기도해야 하고 선데이 크리스천이 아니라 에브리데이 크리스천 중에 제일 좋은 거, 범사 기도, 항상 기도, 새벽 기도가 최고인 것 같아요. 전 진짜 잠이 많아요. 새벽 기도 가면 하루가 너무 힘들어요. 그래서 제가 가끔 물어봅니다. 혹시 새벽 기도 한 다음에 가서 주무시고 출근하느냐 또는 언제 주무시느냐 몇 분께 물어봤어요. 제가 계산을 해보니까 아무래도 제가 9시에는 자야 하겠더라고요. 그런데 국회의원이 그게 어려워요. 9시, 10시, 11시 훌쩍 넘기고 잠자리에 드는 경우가 대부분이죠. 힘들어요. 하지만 새벽 기도가 최고예요.

기도와 관련해서 몇 가지 제 생각을 말씀드릴게요. 새벽 기도가 첫째. 둘째, 먼저 정하고 구하지 말고 정하기 전에 구해야 해요. 왜 기도가 실패했는가? 우리가 보통 그래요. 일단 내가 하고 싶은 거 정하고 그다음에 하나님 이거 도와주세요. 이래요. 그게 아니잖아요. 하나님 이거 해야 하나요? 또 이거 어떻게 해야 하나요? 한자로 하면 선정후구(先定後求)가 아니고 선구후정(先求後定), 즉 정하는 과정까지 물어봐야 합니다. 세 번째로는 저는 우리가 어렵지만 절박하게 '먼저 그 나라와 의'를 구하는 연습을 해야 한다고 봅니다. 네 번째로는 무엇보다 자기가 기도해야 합니다. 엄마가 기도해주는 거 좋죠. 중보기도 좋죠. 저는 사실 제 아내가 제 기도해주는 게 좋더라고요. 힘들 때. 진짜 제 집사람이 대신 기도 많이 해주고, 선거 때에는 "여보 대신 새벽 기도 좀 가줘라." 이랬어요. 좋더라고요. 근데 이게 약발이 한계가 있어요. 내가 해야 하는 겁니다. 제가 제 아들을 위해서 새벽마다 기도하지만 "아들, 내가 너를 위해서 기도한다." 이건 한계가 있잖아요? (아들 보며) "네가 기도해야 하는 거야!" 그렇잖아요! 다섯 번째, 기도에는 힘이 있습니다.

저는요. 이 밤도 너를 위해 눈물로 기도한다고 했던 큰아버지의 눈물이 제게 그냥 와서 확 꽂혔던 걸 알기 때문에 그런 큰아버지의 기도도 와서 꽂히는데 자기를 다 던지면서 세상을 위해서 눈물로 기도한 예수님의 기도가 이천 년이 지나도 바로 이 순간 바로 이 자리에 와서 꽂히는 것이 너무도 당연하다고 믿습니다. 힘이 있을 수밖에 없는 거죠. 그리고 눈물의 기도가 중요하다고 봅니다. 간절해야죠.

제가 오늘 새벽에 엄청나게 울었어요. 사실 어제 너무 피곤하더라고요. 요 며칠이. 국회에서 대정부 질의해야 하지, 이상민 장관 탄핵해야 하지, 어제는 또 청년수련회 와서 피자 날라야 하지. 피곤해서 빠지려고 했는데 와서 피자 나르고 가서 밤 열 신데 또 상갓집을 가야 하는 거예요. 아까 우리 장모님이 저보고 얼굴이 시커멓다 그러셨는데 제가 너무 피곤하더라고요.

오늘. 근데 여러분과 함께 느낌을 나누고 싶어 왔는데, 새벽에 기도하면서 엄청나게 울었어요. 왜 그랬냐? 사실 어제 탄핵이 됐는데 정치를 떠나서 그렇게 억울하게 자식을 잃은 부모들이, 법리를 떠나서 탄핵이 안 되면……. 사실 잘못됐다고 장관이 그냥 물러나면 끝났을 일이잖아요? 그런 것도 법적으로 안 되면 저분들은 뭘 바라는 것도 아닌데 얼마나 억울할까 하는 생각이 들었어요. 그래서 제가 "너무 불쌍합니다."라고 기도했어요. 제가 이십 대에 감옥에 있을 때 하늘을 보고 많이 울었습니다.

"하나님, 우리 민족이 우리 백성이 너무 불쌍해요."

그리고 나서 그 눈물을 계속 간직하고 싶은데 잘 안 되더라고요. 오늘

다시, 김민석

"너무 불쌍해요, 너무 불쌍해요." 하는데 너무 눈물이 나는 거예요.

자 이제 앞으로의 얘기를 빨리할게요. 여러분 저게 뭐죠? (PPT) '민족과 세계를 비추는 교회' 사실 저게 우리 교회의 비전이라고 얼마나 알까요? 말씀드린 대로 저는 우연히 그 청년수련회 왔을 때 느낌이 좋았고, 목사님도 좋고 다 좋았는데 특히 저기에 꽂혔습니다. 제가 제일 좋아하는 단어가 민족과 세계였어요. 이십 대부터. 그래서 제가 민족과 세계연구소라는 거를 20대에 감옥에서 나와서 만들었을 만큼 민족과 세계를 좋아했어요. 민족이 잘되는 길, 세계를 위해서 일하는 그런 정치인이 되고 싶어서 유엔 사무총장까지 꿈꾸고. 꼭 되려고 해서뿐만 아니라, 정치하는 이상 꿈을 가져놓자. 그렇게 하면 나쁠 거 없잖냐, 하다못해 영어 공부라도 하고 뭔가 세계정세라도 보고 우물 안 개구리는 안 되겠지 이렇게 생각했던 거죠.

그런데 저는 우리가 앞으로 어떤 사명을 가지고 가야 하는가를 생각할 때 절대 우연은 없다고 생각합니다. There is no coincidence입니다.

첫째, 왜 신길교회에 저게 1번 사명으로 돼 있지? 저렇게 사명으로 돼 있는 게 흔치 않습니다. 둘째, 세계 지도. 전 지도를 엄청나게 좋아해요. 대한민국이 어디 있죠? 세계 지도를 보면 그냥 어정쩡하게 붙어 있어요. 변방이잖아요. 우리는 힘도 없잖아요. 그런데 관점을 바꾸면 어떻게 될까요. (세계지도를 세로로 세우며) 전 저렇게 하는 걸 좋아합니다.

관점을 바꾸면 한반도는 야수의 단전이 되죠. 세상은 보기 나름이라고 봅니다. 흔히 지오그래피 매터스(Geography matters) 이렇게 얘기합니다. 지리가 모든 것을 결정합니다. 책도 있습니다. 지정학이라고 하고도 지경학이라고 말합니다. 분단되고, 침략되고, 약소국이고, 이스라엘처럼, 폴란드처럼.

그런데 보기에 따라 다르죠. 그래서 어떤 관점을 가져야 하느냐? 얼마 전에 〈EBS 그레이트 마인즈〉라는 프로가 있었어요. EBS 사장님이 한 번 오셔서 얘기할 때 제가 엄청나게 뭐라 그랬어요. 100명을, 세계의 석학들을 소개하는 (프로의), 제가 그 아이디어를 내는 데 좀 참여했거든요. 그런데 어떻게 우리 돈을 그렇게 많이 쓰면서 한국이 만든 석학, 이어령 또는 도올 등등, 영어로 소개가 안 됐다뿐이지, 유발 하라리나 자크 아탈리나 이런 분들에게 전혀 밀리지 않는 세계 석학들이 우리에게 있는데 우리나라 석학은 단한 명도 거기에 안 껴놓았냐? 그러니까 이렇게 얘기하더라고요. "아 그렇지않아도요, 한국 사람 2편 따로 하려고 하고 있다." 그래서 제가 정말 문제로구나! 우리 돈 내고, 우리 스스로 우리를 2부 리그로 만드는구나! 이랬어요. 우리 생각을 바꿔야 합니다.

한류의 발전과정에 큰 변화가 있습니다. 우리가 어떻게 갔는지 아세요? 처음에는요, 일본 거쳐서 갔습니다. 〈겨울연가〉, 그리고 중국 거쳐서 갔습니다. 〈대장금〉, 동남아 거쳐서 갔습니다. 그리고 유럽, 미국 거쳐서 BTS까지 왔죠. 또 넷플릭스, 유튜브 등 남의 플랫폼으로 갔습니다.

그러던 것이 이제는 해외가 아니라 한국에서 만든 것이 그냥 먹히는 세상이 된 거예요. 엄청나게 변한 겁니다. 패러다임이 바뀐 겁니다. 이걸 이해하지 못하면 절대 앞으로 성공하지 못합니다. 이걸 이해해야 하는 겁니다. 외국 사람들 제가 꽤 만나 보는데요, 한국에 엄청 들어오고 싶어 하거든요. 왜 우리가 이렇게 과거 사고를 벗어나지 못하느냐? 제국을 못 해봐서 그렇습니다. 식민지만 해봐서.

미국, 영국, 러시아 등 제국을 해본 나라들은 제국적 사고를 합니다. 우

다시, 김민석

리는 과거에 식민지를 했지만, 이제 제국의 사고로 바꿔야 해요. 굉장히 중요합니다. 제국의 사고라고 해서 과거 제국주의처럼 남을 지배하라는 게 아니라 선도국 정신을 가져야 한다는 겁니다.

세 번째는 우리는 놀라운 나랍니다. 왜 한류가 되느냐?

DNA가 있기 때문입니다. 일제가 테러리스트라고 이야기했던 백범 김구가 평생을 무장 독립 투쟁을 했는데, 그가 해방 이후에 쓴 책 『백범일지』의 마지막에 그가 꿈꾼 나라는 문화 국가입니다. 놀라운 겁니다. 전 세계의 어떤 무장투쟁 지도자도 자기 나라의 꿈을 문화 국가로 정한 예는 없습니다. 일본은 테러리스트라고 했지만, 상대의 존경을 받았던 안중근은 이토 히로부미의 동양평화론과 맞서서 진정한 동양평화론으로 맞섰죠. 백범과 안중근이 꿈꿨던 문화 대한민국의 본질은 대한문(文)국인 겁니다. 이게 우리의 DNA에 있는 거예요.

저게 뭐죠? (그림을 가리키며) 혹시 저게 어디 있는지 아세요?

우리 교회 어디에 있죠. 우리 교회 1층 중예배실 옆에 있습니다. 〈북한의 예수〉입니다. 박성철 장로님이 개성공단에서 열심히 하셔서. 너무 잘하시니까 북한에서 선물한 건데, 최고의 예술가들 몇백 명이 자수로 만든 그림입니다. 엄청나게 큰 그림이 우리 교회에 걸려 있어요. 이건 놀라운 비밀입니다. 어떻게 북한에서 만든 〈북한의 예수〉라는 그림이 우리 교회 새벽 기도에 가장 고령자로서 제일 앞자리에서 기도하는, 기업인의 모범을 보이는 그 박 장로님이 가져오신 그 그림이 걸려 있고, 우리가 노력하지 않았는데도 무언가에 의해서 북향민들이 여기에 오고 그럴까요? 제가 그분들을 초대해서 이달 17일 날 국회 기도실에 갑니다. 마지막 광야를 걷고 있는 이 분단의 민족인 한국에 무언가 하늘이 원하는 것이 있는데 놀랍게도 그곳에 복음을 전하는 것과 관련된 저 그림이 왜 신길교회에 있을까요? 우연일 까요?

잠깐 다른 이야기를 해보죠.

저게 뭐죠 혹시 아시는 분? 피카소의 〈황소머리〉라는 작품입니다.

자전거 안장으로 만들었습니다. 최근에 얼마인지 모르는데 미니멈 오십억은 넘을 겁니다.

저는 여러분께 권합니다. 공부는 관찰입니다. 관찰에서 시작하는데, 관찰하려면 사랑해야 합니다. 여러분의 교회를 사랑하고 공간을 사랑하세요. 여행 가면 갑자기 세상이 아름다워 보이죠. 우리 동네 골목은 그저 그런데 여행지 동네 골목은 끝내줘 보이죠. 다 사진을 찍죠. 그러니까 멋져 보이죠. 우리 동네 골목도 그렇게 찍으면 그렇게 보입니다. 관찰에서 나오는 겁니다. 그리고 관찰은 사랑에서 나옵니다. 둘째로 역사 공부를 해야 합니다. 역사를 모르면 안 됩니다.

셋째, 문화 공부를 해야 합니다.

넷째, 시대를 읽어야 합니다. 시대가 돌아가는 걸 알아야 합니다.

여러분 세상은 바뀌는데, 바뀌는 골목에 미리 가서 서 있는 사람하고, 바뀔지 모르고 헤매는 사람하고 누가 앞서갑니까? 백 프로 바뀌는 골목에 서 있는 사람이 앞서가는 겁니다. 시대를 읽어야 돼요. 시대를 읽는 눈은 공부해야 생기는데, 가장 그걸 통찰하는 것은 성경을 읽어야 나옵니다.

그리고 영어 공부를 하셔야 해요. 도리가 없어요.

저는 권합니다. 쉬운 영어. 쉽게 읽고 쉽게 말하는 게 최고입니다. 가장

다시, 김민석

잘하는 언어는 쉬운 언어입니다. 공부하세요. 언어 공부를 하십시오. 스피치를 하십시오. 복음은 언어잖아요. 목사님이 가끔 말이 중요하다고 말씀하세요. 사람이 말대로 되는 거잖아요. 저는 우리의 입에 하나님을 모시고 산다고 생각합니다. 그래서 스피치 연습을 해야 해요. 짧게 말하고, 소울이 있게 말하고. 콘텐츠가 있게 말하고. 언제 기회가 되면 스피치에 대한, 디베이트, 토론, 프레젠테이션, 저는 우리가 한번 그런 거 해봤으면 좋겠네요. 제가 멘토링을 할게요. 굉장히 중요해요. 공짜로 해드리겠습니다. 그리고 신문을 읽으세요. 신문을 읽는 게 필요해요. 신문을 보면 전체를 읽을 수가 있어요. 공짜로 할 수 있습니다. 새벽 기도 하고 내려가시면 국민일보가 무료로 배부되어 있습니다. 제가 그래서 새벽 기도 하고 내려가면 국민일보를 보는데요. 쭉 보면 전체를 보는 것, 이거는 단타를 보는 것과 다릅니다. 사람은 항상 남들이 가는 길과 달리 가야 합니다. 남들이 신문을 안 볼 때, 여러분이 신문을 보면 여러분은 엄청나게 발전할 겁니다. 제가 최근에 영자지 하나 구독해서 같이 보거든요.

다시 돌아가서, 제가 미션 얘기했잖아요.

한국을 보고 관점을 바꾸고 우리 교회에 왜 북한의 예수가 있는지를 보고. 우리가 어디 있죠? 제가 종종 목사님들께 말씀드립니다. 여의도는 정치와 경제와 금융과 방송의 성지인데 사실은 기도의 성지입니다. 빌리 그래함이 백만을 모았고, 순복음교회가 있고, 미국 대통령 중 카터 대통령이 유일하게 찾았던 여의도침례교회가 있고, 그리고 범 여의도권에 떠오르는 교회, 신길교회가 있습니다.

저는 목사님께 청춘 기도회를 해보시면 좋겠습니다고 말씀드렸어요. 코로나가 끝난 이후에 여의도에 있는 젊은이들이 한 2~30분간 모여서 잠깐 기도하고 출근하는, 정말 광장에서 기도하는 그런 걸 만들었으면 좋겠다. 평양의 대부흥이 있었다면 서울의 대부흥, 여의도의 대부흥을 우리가 한번 해봤으면 좋겠다고 말씀드렸습니다. 그런 꿈이 있습니다. 반드시 할 겁니다. 서울시에 얘기했는데 공원 빌려주기가 좀 그렇다고 해서. 종교집단에 빌려주기 그렇다고. 그래서 퀴어 축제도 하는데, 왜 종교축제 못 빌려주냐? 제가 그랬어요. 제가 오 시장한테 얘기할 거고 안 되면 다음 시장을 바꿔서라도 반드시 하게 하겠습니다.

여러분! 제가 영어 공부할 때 잘 보는 책 중에 조엘 오스틴 목사의 책들이 있어요. 영어가 쉬워서 봅니다. 좋아요. 영어 공부를 할 때 짧고 쉬운 영어를 하시고 짧고 쉽게 말하십시오.

저거는 그 교회예요. (보여주며) 목사님께 말씀 들어보니까 가보셨더라고요. 큰 스테이디움을 바꾼 거예요. 대단하죠. 부럽죠. 저게 오스틴 목사 아버지 때 시작한 건데, 저 교회에 처음에 교인 70명 다닐 때 이름을 인터내셔널 미션 센터라고 했다는 거예요. 아무도 인터내셔널 없는데 이름은 그렇게 지어서 인터내셔널 돼버린 거예요. 이제는 전 세계에서 와요. 부럽죠! 저는 저 교회보다 우리가 더 훌륭할 수 있다고 봅니다. 저는 저 목사님보다 우리 목사님을 더 존경합니다. 저 목사님이 훌륭하지만, 긍정의 언어를 가지고 있지만 말이죠. 사실은 존경하는 교회, 존경하는 목사를 갖기가 어렵습니다. 참 외람된 말씀이지만, 제가 교회 여러 군데 가봤잖아요? 정치인이기 때문에 목사님들 많이 뵀잖아요? 우리 교회 같은 교회, 우리 목사님 같은

다시, 김민석

목사님 찾기 참 어렵습니다. 높아질수록 우리를 유혹하는 것으로부터 자유롭기 어려운데, 우리는 참으로 존경할 만한 목사님을 모시고 있는 겁니다. 우리 교회가 모든 것이 좋고 목사님까지 좋잖아요. 우리에게 미션이 있잖아요. 미션이 뭐죠? 성경에서 얘기하는 미션이 저거잖아요. 별거 아니잖아요. 사실 착하게 살자고 얘기하자는 거예요. 그걸 전하자는 거잖아요. 방법이 여러 가지 있을 것 같아요. 우리 아들이 인도네시아에 잠깐 살아서 인도네시아에 지금 뿅 갔어요. 인도네시아에서 예쁜 처녀하고 결혼하는 게 꿈이랍니다. 인도네시아에 찌아찌아라는 데가 있어요. 저게 학교예요. 잘 보세요. (사진 보며) 한글로 '왔다'라고 쓰여 있어요. 인도네시아의 저 동네는 자기 문자가 없어서 한글을 갖다 쓴 거죠. 말은 달라요. 그것을 가장 정확하게 표현할 수 있는 세계에서 가장 과학적인 글이 한글이잖아요.

Night. 나이트를 우리가 나이트인지 알기 때문에 나이트라고 하지, 그냥 읽으면 니크트인지 네히트인지 알 수가 없잖아요. 우리는 나이트 하면 끝나잖아요. 한글을 가르쳐주면 한국 사람부터 러시아 사람까지, 아프리카 사람도 다 나이트라고 있잖아요. 한글은 위대한 언어죠

전 세계에서 제3의 글자를 만든 게 딱 두 개 있습니다. 최초의 제국 페르시아의 다리우스가 만들었는데, 독재를 위해서 만들었는데 100년 만에 없어졌어요. 그런데 민중을 사랑해서, 너무 불쌍해서 만든 언어인 한글이 유일하게 (그래서 UN에서 최고의 언어로 돼 있는 거잖아요) 놀라운 생명력을 가지고 있잖아요. BTS 하니까 이제 우리가 옛날에 모르고 팝송 영어로 부른 것처럼 막 한글로 노래하잖아요. 그 한글이 가지고 있는 또 하나의 미션에 전힘이 있다고 봅니다. 우리가 선교의 역사를 보면 영어로 번역을 했잖아요.

영어로 해가지고 한국어로 번역했잖아요. 지금 전 세계에 글자가 없는 아까 인도네시아처럼 무문(無文)족이 10억 있습니다. 그 무문족에게 에스페란토도 실패했어요. 모든 다양한 언어를 쓰는 바벨탑 이후 흩어졌던 사람들에게 언어를 제공해 줄 가능성을 한글이 가지고 있다고 봅니다. 알파벳은 옛날 기원전 18세기 전에 히브리인이라는 사람들이 만든 알파벳이 이렇게 영어까지 온 겁니다. 그 알파벳이 세계를 지배하고 있는데, 지금 알파벳과 필적하는 과학적인 언어인 한글이 마지막 남아 있는 10억의 무문족에게 글씨로 채택될 가능성이 있다는 겁니다. 하면 된다! 해볼 수 있는 거죠. 세계의 다양한 언어가 다 한글로 기록될 수 있는 것. 그 또한 그냥 상상하는 거죠.

저는 다시 정치를 시작하면서 저의 가치를 세웠습니다. 제 방에 써놓은 글입니다. 딱 한 글자로 제가 지향하는 정치의 가치를 뭐로 할까 생각하다 나온 것인데, 그래서 제가 '의(義)' 자를 썼어요. 제 방에 한번 초대할게요. 오시면 '옳을 의' 자가 쓰여 있습니다. 한자 찾아보세요. 위에는 양, 셰퍼드 할 때 sheep 양(羊), 밑에는 나, me 할 때 아(我). 양 아래 나, 즉 예수님과 나. 수천 년 전에 지어졌던 의(義)라는 글씨에 의가 무엇인가? 라는 본질적 의미가 담겨 있는 놀라운 비밀이 있는 거 아닌가 생각합니다.

저는 요새 꿈을 꿉니다. 아, 사람이라는 거는 다 자기 자리에서 사역하는 거다. 저는 정치로 선교하고, 정치로 비전을 세우고, 그리고 정치로 부흥을 하고 싶다는 그런 생각을 해봅니다. 다 할 수 있는 거예요. 각자의 계획이 있고, 각자의 그릇이 있고, 각자의 색깔이 있는 겁니다. 여기가 그곳

다시, 김민석

이고, 지금이 그때이고, 여러분이 바로 그 사람이라고 생각합니다. 다 그릇이 다른 겁니다. 그러니까 각자 다 자기 식대로 행복하게 하는 겁니다. 한류의 시대는 시작이 됐고, 결국, K-드라마에서 K-팝으로, K-무비로 쭉 가는데 그 끝은 K-소울일 것이다. 그래서 서울은 시티 오브 서울이자 시티 오브 소울(soul)이 될 거라고 봅니다. 그리고 그 소울의 핵심을 이기용 목사님께서는 미션이라고 말씀하시더라고요. K-미션입니다.

여러분! 서울대 정치학과 나와서 정치 잘한 사람 별로 못 봤고, 서울대 경영대 나와서 돈 잘 버는 사람 별로 못 봤고 그렇습니다. 알 수 없는 거예요. 최고의 진로 지도자는 하나님입니다. 여러분이 매일 물어볼 수 있고 매일 멘토 받을 수 있고요. 매일 대화 받을 수 있고. 물어보면 응답받을 수 있고. 저는 요새 비로소 응답이라는 것에 대해서 조금 느끼기 시작합니다. (하나님께) 여쭤보면 어떤 때는 착착 붙여주신다는 목사님의 말씀을 이제 좀 알겠더라고요. 간절하게 기도하면 반드시 저는 응답해 주실 것이다. 이렇게 생각합니다. 우리는 그래서 다 같이 우리 나름의 미션 드리븐 라이프(Mission Driven Life)를 갑시다!

여러분! 제가 참 부족한데 여러분과 이렇게 만나 이런 말씀 드리게 된 것은 정말 감사한 거예요. 사실 이제는 좀 얘기를 하고 싶어졌었어요. 청년들과 같이, 그리고 여러분과 같이 어깨를 걸고 동지가 돼서 한 번 세상을 바꿔보고 싶습니다. 같이 할 수 있는 거예요. 별거 아니에요. 세계 최고의 교회 되는 거 별거 아닙니다. 한국이 가장 뜨겁죠? 거기서 신길교회가 새벽기도 제일 많이 하죠? 거기서 여러분이 제일 뜨겁죠? 그러면 세계 최고인 거예요. 단순한 거예요. 복잡하지 않습니다. 글로벌이 별겁니까? 한류가 그렇게 됐죠. 우리가 탁월한 교회들, 사람들이 많이 모이는 교회들 구경하러 갔죠? 앞으로 여기 사람들이 구경하러 오면 여기가 글로벌의 중심이 되는 것입니다. 우리가 변하고 이곳을 글로벌의 장으로 만들고, 이곳에서 위대한 역사를 이루어내는 것이 저는 100% 가능하다! 우리의 힘으로 하는 것이 아니라 오직 영으로 기도하면 가능하므로, 우리가 믿고 한번 일을 내보자. 저도 나이 좀 먹을 만큼 먹었지만 이제 젊음을 회복하는 느낌으로 다시 해보려고 그래요. 해봅시다. 얼마든지 가능하잖아요. 아이들도 하고 팔십 노인들도 하는데 왜 못하겠어요. 돈으로 되는 것도 아니고 능력으로 되는 것도 아니고 권력으로 되는 것도 아니고 기도하면 되는 것이기 때문에.

끝으로 이 말씀 드리겠습니다.

세상이 변했죠. 저출산 고령화. 앞으로 어떤 세상이 오느냐? 단순합니다. 저출산 고령화 사회란 지금 보는 내 옆 사람을 앞으로 백 년 동안 보고 산다 이겁니다. 아주 간단한 거예요. 이제 별로 많이 낳지 않아요. 근데 지금 그렇게 오래 사는 겁니다. 조금만 관리하면 여러분은 아마도 대략 평균 백이십 살 정도까지는 살 겁니다. 다 서로 아는 사람끼리 오래 사는 거예요. 지금 스물이면 앞으로 100년을 가는 겁니다. 이 힘이 모여서 같이 가는 것이기 때문에 주변 사람에게 정말 잘해주세요.

그래서 우리가 형제가 될 수 있는 것입니다. 형제적으로 사랑하고 함께 힘을 모아서 나도 성공하고 교회도 성공하고 너도 성공하고 모범적인 나라, 위대한 대한민국.

분단됐지만, 그간의 세계제국들은 압박하고 갈라 세우기를 하고 전쟁으

다시, 김민석

로 지배했지만, 우리는 평화로 화합으로 통합으로 그리고 사랑으로 그리고 가장 마지막에 소울로. 그래야 한국이 만드는 한류라는 것은 위대하구나! 저는 이렇게 할 수 있는 그 중심에 우리 신길교회 청년들이 있는 시대를 시작하는 오늘이 됐으면 좋겠습니다. 고맙습니다.

신길교회 청년부 특강(23.02.10)

다시, 김민석

원칙을 더 중시하고, 국민의 뜻을 더 살피겠습니다

초판 1쇄 발행	2023년 11월 29일
지은이	김민석
펴낸이	이옥란
펴낸곳	미래출판기획
출판등록	제2007-000109호
기획·편집	김민아
디자인	최미숙, 이보림
종이	(주)월드페이퍼
인쇄·제본	(주)대성프린트
주소	서울시 영등포구 국회대로 780, 1137호
	(여의도동, 여의도LG에클라트)
전화	02-786-1774
팩스	050-4021-5919
이메일	dldhrfks@hanmail.net
ISBN	979-11-85047-35-5(03340)